임진왜란 당시 문경 예천 상주 중심으로 활동한 의병장의 기록
1592년 4월 12일부터 1598년 12월 12일까지의 전쟁일기

성재 용사실기

省齋 龍蛇實紀

高尙曾 원저 · 申海鎭 역주

보고사
BOGOSA

머리말

　이 책은 성재(省齋) 고상증(高尙曾, 1550~1627)이 임진왜란 때 경
상북도 문경(聞慶)에서 의병진에 직접 참여한 활동과 보고들은 것
들을 기록한 일기를 번역하였다. 최근에 발견한 문헌을 2015년 경
상북도 문경시가 간행한 문경문화연구총서 제11집 『성재 고상증의
〈용사실기〉에 나타난 문경의 임진왜란사』에 첨부된 《성재집(省齋
集)》 영인본의 1592년 4월 12일부터 1598년 12월 12일까지 일기인
〈용사실기(龍蛇實紀)〉를 재번역한 것이다. 문경문화연구총서가 비
매품인데다 또한 오역과 보충해야 할 부분이 적지 않게 있었다.
특히, 문경의 의병진 활동을 다룬 전문적 학술서적에 대한 독자들
의 접근이 보다 더 용이하도록 하기 위한 것이다.

　〈용사실기〉는 1592년 4월 12일부터 1598년 12월 12일까지의 일
기로, 매일매일 기록한 경우도 있지만 때로는 한 달에 하루나 이틀
만 기록한 경우도 있다. 1595년과 1596년은 각각 단 하루만 주변에
서 들은 내용을 기록하였는데, 1596년 모친상을 치른 것으로 보아
그와 관련이 있는 것으로 짐작된다. 그리고 1597년과 1598년은 각
각 월별로 기록하였다.

　동래성의 침략부터 도성과 평양의 함락과 수복 등 전쟁의 진행

상황, 관군과 의병의 패전과 승전 소식, 상주와 문경에서의 전투 상황과 결과, 왜군의 만행 등이 생생하게 기록되어 있다. 특히, 고상증은 황정간(黃廷幹: 黃時幹)과 권의중(權義中) 등 경상북도 북부 지역의 여러 선비들과 회동하여 왜적 방어책을 논의하였다. 왜적이 부산으로 쳐들어온 지 12일 만에 이미 문경 주변에까지 들이닥치자, 순변사 이일(李鎰)이 상주의 북천(北川) 가에서 맞아 싸웠으나 화살 한 발도 쏘아 보지 못하고 전군이 패몰하여 죽었고, 왜적의 출몰이 시도 때도 없는 가운데 살육과 약탈을 자행되었던 것에서 비롯된 것이었다. 또 전투에 필요로 하는 군수물자 마련하는 데에 진력하였으니, 영주와 예천 등지를 돌면서 활과 쇠뇌에 뛰어난 사람을 구하기도 하여 몽둥이는 세모지게 만들었고 화살은 여섯 냥으로 하였고 석거(石車)는 산꼭대기에 설치하기도 하였다. 그리고 직접 적진을 공격하여 적의 목을 베기도 하였고, 동생 고상안(高尙顔)과 함께 문경 의병진의 치병장(治兵將)으로 추대되어 용궁과 예천을 약탈하는 왜적을 막기도 하였다. 또한 의병대장 곽재우(郭再祐)를 찾아가서는 좌막(佐幕)의 임무를 부여받고, 성주 전투 등에서 곽재우를 돕기도 하였다. 금산(錦山) 전투에서 아들 고인후(高因厚)와 함께 전사한 전라도 의병장 고경명(高敬命)을 애도하는 만시(輓詩)를 지었으니, 뿌리가 같은 종친으로서 남다른 탄식과 애석함을 보여주기도 하였다.

뿐만 아니라 "적의 우두머리가 협곡까지 죄다 수색하며 사람들을 만나면 죽이고 가옥들을 방화하는 데다 말이나 노새는 탈취하고 소나 양은 때려 죽여서 그들의 군대 양식으로 삼으니, 예로부터 전쟁으로 말미암은 재앙의 참혹함이 오늘날보다 심한 경우는 있지 않았다."고 기록하거나 "왜적들이 인민들을 죽이며 약탈하자, 어리석은 농민들이 그 위력에 겁을 먹고서 얼굴을 들어 표정을 바꾸며 잠깐 동안이나마 목숨을 보전하려고 오직 왜적의 명령에만 복종하여 그 해독이 저 왜놈들보다 심하니, 이러한 짓을 차마 할 수 있단 말인가?"고 기록하였는바, 전쟁이 빚어낸 참혹상과 세태를 여지없이 드러내고 있다. 이처럼 자신의 의병 활동을 비롯하여 주변 지역 왜적의 동향, 관보나 지인들을 통해 견문한 것으로 조정의 상황과 전국의 전투 결과 등을 기록하고 있다. 곧 〈용사실기〉는 경상북도 북부지역의 내륙 전쟁에서 일어났던 여러 정황들을 기록한 것으로 전쟁을 관망만 하지 않고 직접 의병 활동에 참여한 고상증의 일기이다. 그 의병의 조직과 구성, 주요 성과 등은 이 책을 통해서 확인할 수 있을 것으로 생각한다.

이 〈용사실기〉는 《성재집》에 실려 있다. 이 문집은 1권 1책으로 된 필사본이다. 표제 면에 이어 전체 목차가 있으며, 영주고지(瀛州古誌) 1편, 세계(世系), 시(詩) 37수, 서(書) 3편, 용사실기(龍蛇實紀) 1편과 부록으로 12세손 상훈(相勳)이 쓴 가장(家狀) 및 김만수(金晩秀)가 쓴 행장(行狀) 및 13세손 시영(時詠)이 지은 발(跋)이 실려 있다. 면마다 10행 20자씩 필사한 것이다. 고상훈이 1934년에 가장(家狀)을 지었고, 1935년 5월에 김만수가 행장을 지었으며, 1960년에야 필사본이 완성된 것이라 한다.

고상증(高尙曾)의 가계와 생애, 그의 시와 의병활동 등을 개괄적으로나마 살필 수 있도록 김만수가 지은 〈행장〉을 이 책의 부록으로 첨부하였다. 훌륭한 번역문을 두고 새삼스레 공력을 들일 것이 아니라서, 경상북도 문경시 문화관광과에 그 번역문을 옮겨 실으려는 목적을 설명한바 기꺼이 승낙해주었다. 이 자리를 빌려 감사한 마음을 전한다.

전쟁이라는 극한 상황 속에서 자신과 가족의 안위만을 생각했던 일부 관료나 유자들과는 달리 일신의 안위를 돌아보지 않았던 고상증의 면모를 확인할 수 있는 일기가 수많은 독자들에게 알려지기를 희망한다. 끝으로 편집을 맡아 수고해 주신 보고사 가족들의 노고와 따뜻한 마음에 심심한 고마움을 표한다.

2021년 2월 빛고을 용봉골에서
무등산을 바라보며 신해진

차례

성재 용사실기

선조 25년 임진년(1592)

계사년(1593)

일러두기

이 책은 다음과 같은 요령으로 엮었다.

01. 번역은 직역을 원칙으로 하되, 가급적 원전의 뜻을 해치지 않는 범위 내에서 호흡을 간결하게 하고, 더러는 의역을 통해 자연스럽게 풀고자 했다. 다음의 자료가 참고되었다.

> 문경시장, 「성재 고상증의 〈용사실기〉에 나타난 문경의 임진왜란사」, 『문경문화 연구 총서』 11, 문경시문화관광과, 2015.

02. 원문은 저본을 충실히 옮기는 것을 위주로 하였으나, 활자로 옮길 수 없는 古體字는 今體字로 바꾸었다.

03. 원문표기는 띄어쓰기를 하고 句讀를 달되, 그 구두에는 쉼표(,), 마침표(.), 느낌표(!), 의문표(?), 홑따옴표(' '), 겹따옴표(" "), 가운데점(·) 등을 사용했다.

04. 주석은 원문에 번호를 붙이고 하단에 각주함을 원칙으로 했다. 독자들이 사전을 찾지 않고도 읽을 수 있도록 비교적 상세한 註를 달았다.

05. 주석 작업을 하면서 많은 문헌과 자료들을 참고하였으나 지면관계상 일일이 밝히지 않음을 양해바라며, 관계된 기관과 여러분들께 진심으로 감사드린다.

06. 이 책에 사용한 주요 부호는 다음과 같다.

1) (   ) : 同音同義 한자를 표기함.
2) [   ] : 異音同義, 出典, 교정 등을 표기함.
3) "   " : 직접적인 대화를 나타냄.
4) '   ' : 간단한 인용이나 재인용, 또는 강조나 간접화법을 나타냄.
5) <   > : 편명, 작품명, 누락 부분의 보충 등을 나타냄.
6) 「   」 : 시, 제문, 서간, 관문, 논문명 등을 나타냄.
7) 《   》 : 문집, 작품집 등을 나타냄.
8) 『   』 : 단행본, 논문집 등을 나타냄.

07. 이 책에서 사용한 지도의 출처는 다음과 같다.

임진왜란 일본군 진격로: 아틀라스뉴스, 2020.08.23.
격전지: 한국사(우리역사) 밴드
선조 의주 파천도: 전북도민일보, 2019.10.04.

성재
용사실기

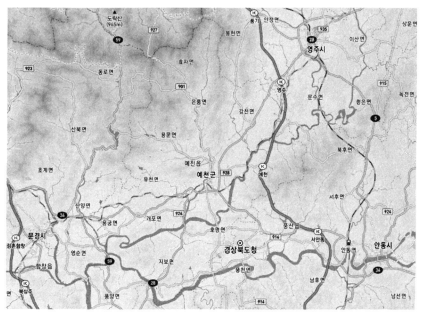

경상북도 북부지역(문경, 예천, 안동, 영주)

선조 25년
임진년(1592)

● 4월

4월 12일。

　일본의 관백(關伯) 평수길(平秀吉)이 속으로 조선의 길을 빌려 명(明)나라를 공격하려는 마음을 품고, 용맹한 장수와 모사(謀士: 책사) 수백 명을 파견하면서 대군과 거함 수백 척을 거느리도록 하니, 바다를 덮고 와서는 부산포(釜山浦) 앞바다에 대었다. 동래(東萊) 등지로 상륙하여 인민을 죽이고 약탈하자, 마을들이 술렁거리고 소란스러워지면서 도로가 막혀버렸다. 이 소식을 전해 듣고 인심이 놀라 벌벌 떨며 겁을 먹고는 모두 어찌할 바를 몰랐다.

　宣祖二十五年壬辰 四月 十二日[1]。

　日本關伯[2]平秀吉[3], 內懷假道滅虢[4]之心, 遣勇將謀士數百人, 率

1　임진왜란은 1592년 5월 23일(음력 4월 13일)에 발발했음. 이때 왜군이 왜에서 약 아침 8시에 출정하여 부산에 오후 5시 경에 도착했다고 한다. 아마도 나중에 정리하면서 착종된 듯하다.

2　關伯(관백): 일본에서 천황을 내세워 실질적인 정권을 잡았던 막부의 우두머리. 어린 천황 대신 정무를 맡아보는 것을 攝政이라 했고, 성인 천황을 대신한 것을

大軍巨艦幾百艘, 蔽海而來, 泊釜山。東萊等地登陸, 殺掠人民,
閭里騷擾, 道路梗塞。傳聞此奇, 人心危怖驚怵, 皆莫知所爲。

4월 15일。

관아의 전령(傳令)이 산양(山陽)에 이르고서야 비로소 적실한 소
문임을 알고서 허둥지둥하며 아침저녁 분간도 못하는 듯했다.

十五日。

官帖到山陽[5], 始知的傳, 遑遑如不報朝暮。

4월 16일。

듣건대 병사(兵使) 조대곤(曹大坤)은 파직되었고, 학봉(鶴峯) 김성

관백이라 했다. 풍신수길은 미나모토(源)씨가 아니었기 때문에 관백이 되었던
것이다. 보통 關白이라 한다.

3 平秀吉(평수길): 豐臣秀吉(도요토미 히데요시, 1536~1598). 일본 전국시대
   최후의 최고 권력자. 밑바닥에서 시작해서 오다 노부나가에게 중용되어 그의
   사후 전국시대의 일본을 통일시키고 關白과 天下人의 지위에 올랐다. 전국시
   대를 평정한 그는 조선을 침공해 임진왜란을 일으켰으나 실패하였다.

4 假道滅虢(가도멸괵): 다른 나라의 길을 임시로 빌려 쓰다가 마침내 그 나라를
   쳐서 없앰.《左傳》僖公 2년에 荀息이 晉獻公에게 "虞나라의 길을 빌려 虢나
   라를 토벌하자.(假道於虞以伐虢)"고 하였으며, 5년에 다시 진헌공이 우나라의
   길을 빌려 괵나라를 치려 하자, 이에 우나라의 충신 宮之奇가 "괵나라는 우나라
   의 보호벽이니, 괵나라가 망하면 우나라도 괵나라를 따르게 됩니다.(虢, 虞之
   表也. 虢亡, 虞必從之.)"고 한 데서 나온 말이다.

5 山陽(산양): 경상북도 문경 지역에 위치한 고을.

일(金誠一)은 특별히 경상우도 초유사(招諭使)로 삼았다고 하였다.

十六日。

聞兵使曹大坤⁶遞罷, 鶴峯金誠一⁷特拜右廂⁸云。

---

6 曹大坤(조대곤, 생몰년 미상): 본관은 昌寧, 자는 光遠. 1588년 滿浦鎭僉使에
제수되었는데, 나이가 너무 많아 평안도 지역을 책임지기에 부족하다는 병조판
서 鄭彦信의 상소로 말미암아 체직되었다. 경상우도 병마절도사 재임 중이던
1592년에 임진왜란이 일어났는데, 善山郡守 丁景達과 함께 龜尾의 金烏山 부
근에서 왜군을 대파하였다. 또 星州에서 많은 적을 생포하였고, 高靈에서 수
명의 적장을 베는 등의 공적을 세웠다. 그러나 많은 군사를 거느린 병마절도사
로서 적의 침입 소문에 겁을 먹어 도망을 가고, 金海 일대에서는 어려움에 처한
아군을 원조하지 않았다가 병사들이 전멸하고 城이 함락되게 만들어 왜군이
서울까지 침범하게 하는 원인을 제공했다는 내용으로 탄핵되어 파직된 뒤 백의
종군하였다. 1594년 副摠管에 제수되자 敗戰 장수를 급히 현직에 기용할 수
없다는 상소가 올라와 체차되었다.

7 金誠一(김성일, 1538~1593): 본관은 義城, 자는 士純, 호는 鶴峰. 1564년 사
마시에 합격했으며, 1568년 증광 문과에 급제하였다. 1577년 사은사의 서장관
으로 명나라에 가서 宗系辨誣를 위해 노력했다. 그 뒤 나주목사로 있을 때는
大谷書院을 세워 김굉필·조광조·이황 등을 제향했다. 1590년 通信副使가 되
어 正使 黃允吉과 함께 일본에 건너가 실정을 살피고 이듬해 돌아왔다. 이때
서인 황윤길은 일본의 침략을 경고했으나, 동인인 그는 일본의 침략 우려가 없
다고 보고하여 당시의 동인정권은 그의 견해를 채택했다. 임진왜란이 일어나
자, 잘못 보고한 책임으로 처벌이 논의되었으나 동인인 柳成龍의 변호로 경상
우도 招諭使에 임명되었다. 1593년 경상우도 관찰사 겸 순찰사를 역임하다 晉
州에서 병으로 죽었다.

8 右廂(우상): 右翼에 소속된 군대. 여기서는 右道 招諭使의 의미로 쓰였다. 《선
조수정실록》 1592년 4월 14일 12번째 기사에 의하면, 慶尙右兵使였던 김성일
을 招諭使로 삼고 대신 함안군수 柳崇仁을 兵使로 삼았으며, 김성일은 本營으
로 달려가 前兵使 曹大坤을 머물게 하였다.

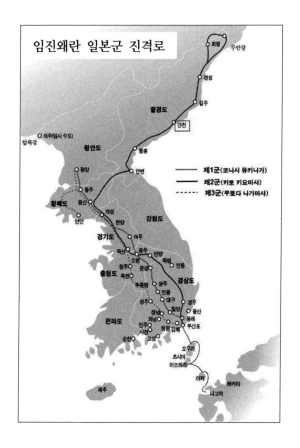

4월 17일.

듣건대 경상우도 초유사가 우리 고을에 들어왔다고 하여 찾아가 만나고서 인사를 하자, 초유사가 말했다.

"내가 충주(忠州)에서 오는데 적확한 보고에 의하면 '동래와 부산이 모두 함락되어 부사(府使) 송상현(宋象賢)과 첨사(僉使) 정발(鄭

撥)이 흉적들의 칼날에 함께 죽었다.'고 하니 분개와 통탄스러움을
금치 못하겠소."

　서로 함께 결의하고는 군사들을 거느리고 돌아갔다.

　十七日。

　聞右廂入本州, 往見斂禮, 則曰: "余自忠州[9]來, 而的聞'東萊·
釜山皆陷沒, 府使宋象賢[10]·僉使鄭撥[11], 并死於凶鋒.'不勝憤
歎."相與決議, 仗兵而歸。

4월 18일

　들건대 울산(蔚山)에서 선산(善山)에 이르기까지 여러 고을의 수
령들이 한 명도 적을 막지 않고 풍문만 듣고도 달아나 숨자, 적의

---

9 忠州(충주): 충청북도 북부에 위치한 고을.

10 宋象賢(송상현, 1551~1592): 본관은 礪山, 자는 德求, 호는 泉谷·寒泉. 1570
　년 진사에, 1576년 別試文科에 급제하여 鏡城判官 등을 지냈다. 1584년 宗系
　辨誣使의 質正官으로 명나라에 다녀왔다. 귀국 뒤 호조·예조·공조의 正郞 등
　을 거쳐 東萊府使가 되었다. 임진왜란이 일어나 왜적이 동래성에 쳐들어와 항
　전했으나 함락되게 되자 朝服을 갈아입고 단정히 앉은 채 적병에게 살해되었
　다. 충절에 탄복한 敵將은 詩를 지어 제사지내 주었다.

11 鄭撥(정발, 1553~1592): 본관은 慶州, 자는 子固, 호는 白雲. 1579년 무과에
　급제, 선전관이 된 뒤, 곧바로 해남현감·거제현령이 되었고, 이어 비변사의 낭
　관이 되었다. 1592년 折衝將軍의 품계에 올라 釜山鎭僉節制使가 되어 방비에
　힘썼다. 4월에 임진왜란이 일어나 부산에 상륙한 왜병을 맞아 분전하였으나 중
　과부적으로 마침내 성이 함락되고 그도 전사하였다. 이때 첩 愛香은 자결하였
　고, 官奴 龍月도 전사하였다.

무리가 마치 평탄한 길을 들어선 듯이 살고 있는 백성들을 마구 약탈하니, 인심이 날로 더욱 위태롭게 여기고 두려워하여서 집을 헐어버리듯 살림살이만 챙겨 목숨을 부지하려고 도망가 바위굴에 숨은 자가 자못 산더미처럼 쌓였다고 하였다.

十八日。

聞自蔚山[12]至善山[13], 列邑守宰, 一無拒賊, 望風奔竄, 賊衆如入坦地, 勦掠居民, 人心日益危懼, 撤家[14]逃命, 隱匿於巖穴間者, 頗山積焉。

4월 19일。

적진이 밀양(密陽) 쪽으로 바싹 다가와서 무흘역(無訖驛)에 주둔해 있다고 하였다.

十九日。

賊陣迫密陽[15], 駐無訖驛[16]云。

---

12 蔚山(울산): 경상남도 북동부에 위치한 고을. 경상북도 청도군과 밀양·양산, 부산의 기장, 경상북도 경주와 접한다.

13 善山(선산): 경상북도 서부 중앙에 위치한 고을.

14 撤家(철가): 살던 곳에서 다른 곳으로 옮기려고 온 가족을 데리고 살림살이를 모두 챙기어 떠남.

15 密陽(밀양): 경상남도 북동부에 위치한 고을.

16 無訖驛(무흘역): 조선시대 때 밀양의 동쪽 30리에 있던 역.

4월 20일。

재종질 선승(善承: 고인계)의 집에 갔다가, 듣기를 상주 목사(尙州牧使) 김해(金澥)가 함창 현감(咸昌縣監) 이국필(李國弼)과 함께 군사를 거느리고 경상도 관찰사 김수(金睟)의 뒤를 도우려 했으나 인동(仁同)과 성주(星州)의 경계에서 패배하여 겨우 몸만 빠져나와 도망해 돌아왔다고 하였다.

二十日。

往再從姪善承¹⁷家，聞尙州¹⁸倅金澥¹⁹，與咸昌²⁰倅李國弼²¹率

---

17 善承(선승): 高仁繼(1564~1647)의 자. 본관은 開城, 호는 月峯. 조부는 高胤宗, 부친은 高慶雲이다. 백부 高興雲에게 입양되었다. 1592년 임진왜란 때 피난 중에서도 입양모 朴氏를 극진히 봉양하였다. 1605년 진사시에 합격하고 이듬해 식년문과에 급제하여 성균관의 學諭 및 박사가 되었다. 이때 동인으로 북인에 가담하지 않아 延曙察訪으로 좌천된 뒤 곧 관직에서 물러났다. 1623년 인조반정 후 성균관전적·형조좌랑·형조정랑·충청도도사·예안현감 등을 역임하였다. 그 뒤 공조정랑·성균관사예에 임명되었으나, 스스로 관직을 그만두었다.

18 尙州(상주): 경상북도 서북부에 위치한 고을.

19 金澥(김해, 1534~1593)：본관은 禮安, 자는 士晦, 호는 雪松. 1560년 진사가 되고, 1564년 식년문과에 급제하였다. 1571년 형조좌랑, 1573년 지평을 거쳐 이듬해 장령이 되었으며, 1576년 사간으로 승진하였다. 1592년 상주목사로 재임 중 임진왜란을 당하여 당황한 나머지 순변사 李鎰을 맞이한다는 핑계로 성을 떠나 피신하였다. 그러나 뒤에 판관 鄭起龍과 함께 鄕兵을 규합하여 開寧에서 왜군을 격파하고 상주성을 일시 탈환하기도 하였다. 이듬해 왜적에게 포위되어 항전하다가 전사하였다.

20 咸昌(함창): 경상북도 尙州의 북단에 위치한 고을. 조선시대에는 1413년에 咸昌縣으로 있다가 1895년에 咸昌郡을고 개칭되었는데, 1914년에 상주군에 병합되었다.

兵, 爲嶺伯金睟[22]後援, 見敗於仁同[23]·星州[24]之界, 脫身逃還云。

4월 21일。

상주 사람이 와서 전했다.

"적병이 며칠 안으로 장차 상주의 관내에 들이닥칠 것이오."

그래서 부득이 조주(祧主: 먼 조상의 神主)를 선영 아래로 옮기니,
혈육 사이의 정으로는 애통하고 박절하여 숨이 끊어질듯 함을 금치
못하였다. 권의중(權義中)·권용중(權用中) 형제와 함께 산북면(山北
面)의 창구리(倉邱里)에 들어가니, 인근의 여러 벗들 또한 대부분
가족들을 데리고 뒤따랐다.

二十一日。

尙州人來傳曰: "賊兵不日內, 將迫州境。"云, 故不得已祧主[25]

---

21 李國弼(이국필, 1540~?): 본관은 龍仁, 자는 飛彦. 이황의 문인이다. 장인이
柳應運이다. 咸昌縣監을 지냈다.

22 金睟(김수, 1547~1615): 본관은 安東, 자는 子昂, 호는 夢村. 1573년 알성문
과에 급제하여 평안도관찰사·경상도관찰사를 거쳐 대사헌, 병조·형조의 판서
를 두루 지냈다. 임진왜란이 일어났을 때 경상우감사로 진주에 있다가 동래가
함락되자 밀양과 가야를 거쳐 거창으로 도망갔다. 전라감사 李洸, 충청감사 尹
國馨 등이 勤王兵을 일으키자 함께 용인전투에 참가했으나 패배한 책임을 지고
한때 관직에서 물러났다. 당시 의령에서 의병을 일으켰던 곽재우와 불화가 심
했는데 이를 金誠一이 중재하여 무마하기도 했으며, 경상감사로 있을 때 왜군
과 맞서 계책을 세워 싸우지 않고 도망한 일로 사람들의 비난을 받았다.

23 仁同(인동): 경상북도 漆谷에 위치한 고을.

24 星州(성주): 경상북도 남서쪽에 위치한 고을.

於先壟之下, 情私[26]痛迫, 不勝隕絕。同權義中[27]·用中[28]兄弟,
入山北面[29]倉邱里, 隣近諸友亦多絜眷隨後。

4월 22일。

석전(石田)의 전투에서 상주 사람 이순(李洵)이 상주 목사(尙州牧
使)의 선봉이 되어 파발꾼으로 나갔다가 패하여 돌아왔다. 상주 목
사 김해(金澥) 역시 쫓기던 중에도 그의 가솔들을 산골짜기 속에
숨기고 자신은 성 밖의 숲속에 숨어서 성안의 온 지역이 텅 비었다
고 하니 개탄스럽고 해괴하였다.

二十二日。

石田[30]之戰, 以尙州人李洵, 爲主倅先驅, 撥馬敗還。主倅金

---

25 祧主(조주): 먼 조상의 神主.

26 情私(정사): 혈육 사이의 사적인 정.

27 權義中(권의중, 1547~1602): 본관은 安東, 자는 義伯, 호는 大樹軒. 임진왜란
이 일어나자 의병장으로 火旺山 곽재우 의병에 참가하여 커다란 공을 세워 翊
社原從功臣에 책록되었다.

28 用中(용중): 權用中(1552~1598). 본관은 安東, 호는 天淵齋. 임진왜란 때 의
병을 모아 항전하였고, 좌승지에 추증되었다.

29 山北面(산북면): 경상북도 聞慶에 속한 면.

30 石田(석전): 경상북도 漆谷郡 倭館邑 석전리. 임진왜란 기간 중 칠곡은 중로
의 요충지로 일본군의 후속부대가 통과하게 되거나 후방경비대가 주둔하는 곳
으로 변하였다. 따라서 칠곡은 임진왜란 기간 중 일본에 저항하는 치열한 전투
장으로 변하였다. 의병 활동도 칠곡 주변의 지형적 지세를 이용하여 활발히 일
어났고, 낙동강을 이용한 적의 보급선을 저지하거나, 약탈물 반출을 막기도 하
였다. 이 당시의 전투 상황을 살펴보면, 적군과 대치한 것이 아니라 대구가 함

澌, 亦在逐中, 藏其家屬於山谷中, 身伏郊藪間, 全域空壁云, 可歎可駭。

4월 23일.

조방장(助防將) 양사준(梁士俊)과 방어사(防禦使) 조경(趙儆)이 상주에 들어왔지만, 인민들이 흩어져 내성과 외성 모두 텅 비어서 음식을 먹일 방법이 없자, 많은 군대를 독려하여 즉시 대구(大邱)를 향해 갔다.

二十三日。

助防將梁士俊³¹·防禦使趙儆³², 入尙州, 人民散亡, 城郭空虛,

락되면서 피난민들이 일시에 밀어닥치자 적군으로 오판하여 겁먹고 도망친 것이었다.

31 梁士俊(양사준, 생몰년 미상): 본관은 南原, 자는 興淑. 富寧府使를 지냈고, 임진왜란이 일어났을 때 8월 1일 경상도 우병사에 임명되었다가 9월 1일에 파직되었다.

32 趙儆(조경, 1541~1609): 본관은 豊壤, 자는 士惕. 무과에 급제하여, 선전관·제주목사를 거쳐, 1591년 강계부사로 있을 때 그곳에 유배되어 온 鄭澈을 우대하였다는 이유로 파직되었다. 이듬해 임진왜란이 일어나자 경상우도방어사가 되어 황간·추풍 등지에서 싸웠으나 패배, 이어 金山에서 왜적을 물리치다 부상을 입었다. 그해 겨울 수원부사로 적에게 포위된 禿山城의 權慄을 응원, 이듬해 도원수 권율과 함께 행주산성에서 대첩을 거두었다. 행주산성에서의 승리로 한양을 탈환할 수 있었고, 都城西都捕盜大將으로 임명되었고, 1594년 훈련대장이 되었다. 그 뒤 동지중추부사·함경북도병사·훈련원도정·한성부판윤을 거쳐 1599년 충청병사·회령부사를 지냈으며, 1604년 宣武功臣 3등에 책봉되고 豊壤君에 봉하여졌다.

饋餉無路, 大督軍旅, 卽向大邱而去。

4월 24일。

순변사(巡邊使) 이일(李鎰)이 상주에 도착해 말달려 즉시 가서 만
나보니, 반자(半刺: 判官)로 상주성(尙州城)의 주장(主將)이었던 권
길(權吉)이 삼운군(三運軍)을 거느리고 고령군(高靈郡)에 도착했다
는 소식을 들었고, 밤새 빨리 달려 이곳에 도착할 것이라 하였다.

二十四日。

巡邊使李鎰[33], 到尙州, 馳卽往見, 得聞半刺[34]城主將權吉[35],

---

33 李鎰(이일, 1538~1601): 본관은 龍仁, 자는 重卿. 1558년 무과에 급제하여,
    전라도 수군절도사로 있다가, 1583년 尼湯介가 慶源과 鐘城에 침입하자 慶源府
    使가 되어 이를 격퇴하였다. 임진왜란 때 巡邊使로 尙州에서 왜군과 싸우다가
    크게 패배하고 충주로 후퇴하였다. 충주에서 도순변사 申砬의 진영에 들어가
    재차 왜적과 싸웠으나 패하고 황해로 도망하였다. 그 후 임진강·평양 등을 방어
    하고 東邊防禦使가 되었다. 이듬해 평안도병마절도사 때 명나라 원병과 평양을
    수복하였다. 서울 탈환 후 訓鍊都監이 설치되자 左知事로 군대를 훈련했고,
    후에 함북순변사와 충청도·전라도·경상도 등 3도 순변사를 거쳐 武勇大將을
    지냈다. 1600년 함경남도병마절도사가 되었다가 병으로 사직하고, 1601년 부하
    를 죽였다는 살인죄의 혐의를 받고 붙잡혀 호송되다가 定平에서 병사했다.

34 半刺(반자): 判官. 한 고을의 관리.

35 權吉(권길, 1550~1592): 본관은 安東, 자는 應善. 權近의 후손이다. 蔭補로
    기용되어 관력은 尙州判官에 이르렀다. 1592년에 임진왜란이 일어나자 東萊府
    를 잃고 도주하여온 巡邊使 李鎰의 군사와 합세하였다. 상주에서 왜적과 전투
    를 벌일 때 죽음을 무릅쓰고 나라를 지킬 것을 맹세하니, 戶長 朴傑을 비롯하여
    많은 군사와 백성들이 이에 호응하였다. 최선을 다하여 싸웠으나 무기와 군병
    수의 열세로 패하여 전사하였다.

率三運軍, 至高靈郡[36], 罔夜驅馳而到此云。

4월 25일。

적군이 졸지에 상주 경계로 침범하자, 순변사(巡邊使) 이일(李鎰) 이 북천(北川: 상주의 북천) 가에서 맞아 싸웠으나 화살 한 발도 쏘아 보지 못하고 전군이 패몰하여 권길(權吉)과 이일은 적진의 포위 속에 죽었다. 적이 성을 차지하고 주둔하며 출몰이 일정하지 않았으니, 형세가 장차 위급하게 되었다.

二十五日。

賊陣猝犯州境, 巡邊使李鎰, 迎戰于北川之上, 未發一矢, 全軍敗沒, 權吉·李鎰, 死於敵陣之中[37]。賊據城留陣, 出沒無常, 勢將危急。

4월 26일。

황공직(黃公直: 황정간)·고선승(高善承: 高仁繼)·김덕윤(金德潤:

---

36 高靈郡(고령군): 경상북도 남서단에 위치한 군.

37 각주 33)을 참고하면 李鎰에 관해서는 착종된 내용이 있음. 다만 상주전투는 이러하다. 조정에서 李鎰을 巡邊使로 삼고, 成應吉·趙儆을 각각 좌우 防禦使로 삼아 영남으로 급파하였는데, 이일이 문경을 거쳐 4월 23일 상주에 도착했지만 상주목사 金澥는 이미 도망하였고 판관 권길만이 지키고 있었다. 군졸과 무기 등을 수습하여 尙州의 北川에서 고니시의 왜군에 맞선 전투이다. 이일과 종사관 尹暹·朴箎, 찰방 金宗茂, 병조좌랑 李慶流 등이 중과부적으로 대패하고, 李鎰만이 충주로 도망쳤다.

金得龍)·권의중(權義中)·권용중(權用中)·박사명(朴士明: 朴元亮)·
채달원(蔡達遠: 蔡得江)·여춘(余春) 등 여러 벗들과 함께 모여서 적
을 방어할 방책을 의논하였는데, 활·화살과 능장(稜杖: 방망이)을
많이 만들되 능장은 세모진 방망이[三稜杖]로 화살은 육량전(六兩
箭)으로 만들기로 하였고, 또 석거(石車: 돌을 쏘아대는 砲車)를 산꼭
대기에 설치하여 예상치 못한 경우에 대비하기로 하였다. 적의 우
두머리가 협곡까지 죄다 수색하며 사람들을 만나면 죽이고 가옥들
을 방화하는 데다 말과 노새는 탈취하고 소와 양은 때려 죽여서
그들의 군대 양식으로 삼으니, 예로부터 전쟁으로 말미암은 재앙
의 참혹함이 오늘날보다 심한 경우는 있지 않았다.

　二十六日。

　同黃公直[38]·高善承·金德潤[39]·權義中·用中·朴士明[40]·蔡達
遠[41]·余春[42]諸友, 會議禦賊之策, 多造弓矢·稜杖[43], 稜杖以三

38　公直(공직): 黃廷榦(1558~1622)의 자. 본관은 長水, 호는 道川·七峯. 나중에
　　時榦으로 고쳤다. 柳成龍의 문인으로 상주 출신 鄭經世·李埈 등과 함께 수학
　　하였다. 〈火旺入城同苦錄〉에 나온다. 이 기록물은 1734년 郭元甲이 편찬한
　　《倡義錄》에 수록되어 있다. 이하 동일하다.
39　德潤(덕윤): 金得龍(1564~?)의 자. 본관은 水原, 호는 養性堂. 〈火旺入城同
　　苦錄〉에 나온다.
40　士明(사명): 朴元亮(1568~?)의 자. 호는 菊軒. 〈火旺入城同苦錄〉에 나온다.
41　達遠(달원): 蔡得江(1574~1660)의 자. 호는 澗齋. 〈火旺入城同苦錄〉에 나온다.
42　余春(여춘, 생몰년 미상): 본관은 宜寧, 자는 秀久, 호는 竹軒. 1580년경 상주
　　에서 마을을 개척하였는데, 임진왜란 당시 松 글자가 든 부락은 왜적이 침범하
　　지 않고 피한다 하여 松谷 또는 松竹이라 하였다고 한다. 〈火旺入城同苦錄〉에

稜, 矢以六兩[44], 又設石車[45]山壁絶頂, 以備不虞之用。賊酋窮搜
峽谷, 逢人則殺之, 放火家屋, 奪取馬騾, 打殺牛羊, 爲渠軍餉,
自古兵禍之酷, 未有甚於今日者也。

4월 28일。

적진이 산과 들에 빽빽하여 사람들이 몸을 피할 곳조차 없는데,
적들의 기세가 더욱 치성해져 3일 전에 함창(咸昌)과 문경(聞慶) 등
지로 떠나고 남겨둔 적의 군졸들이 상주(尙州)의 외성(外城)을 점거
해 있다고 하였다.

二十八日。

賊陣漫山蔽野, 人無避身之地, 勢益熾張, 而三日前, 發向咸
昌·聞慶等地, 而留餘卒, 據州郭云。

4월 30일。

들건대 포산(苞山: 달성군의 현풍)의 곽재우(郭再祐) 원수(元帥)가
맨 먼저 의병을 일으키고 스스로 '천강홍의장군(天降紅衣將軍: 하늘

나온다. 1606년 무과에 급제하여 병조 참의에 이르렀다.

43 稜杖(능장): 밤에 순찰할 때 쓰는 기구. 길이 150㎝ 되는 나무 끝에 물미를 끼우
고 위에 쇠 덮개를 씌우고 두세 개의 비녀장을 가로로 꿰고 쇳조각과 고리를
잇달아 매달았다.

44 矢以六兩(시이육량): 六兩箭. 무게가 6냥이 되는 鐵箭.

45 石車(석거): 돌의 砲車. 큰 돌을 발사하여 적을 공격하는 기계이다.

에서 내려온 붉은 옷의 장군'이라 칭하면서 적을 토벌하여 나라에 보
답하는 것을 자신의 소임으로 삼았는데, 용맹스러움이 남보다 뛰
어난데다 용병술이 귀신같다고 하였다. 그래서 진중(陣中)으로 찾
아가 인사하니 그의 엄한 위엄과 큰 지략은 과연 장수의 재목이었
는데, 나에게 좌막(佐幕: 참모)으로서 군사 다스리는 임무를 간곡히
깨우치고는 의병을 일으켜 서로 호응하며 속히 땅을 나누어서 지키
자고 하였지만, 외람되게도 보잘것없는 재주라서 더욱 지극히 송
구스러웠다.

三十日。

聞苞山⁴⁶郭元帥再祐⁴⁷, 首倡義旅, 自稱天降紅衣將軍, 以討賊
報國爲己任, 梟勇⁴⁸絶人, 用兵如神云。故往拜於陣中, 則其嚴
威大略, 果是將材, 諭我以佐幕⁴⁹治兵之任, 擧義相應, 從速割據
云, 猥以菲材, 尤極悚懼。

---

46 苞山(포산): 경상북도 달성군 현풍면의 옛 이름.
47 郭元帥再祐(곽원수재우): 郭再祐(1552~1617). 본관은 玄風, 자는 季綏, 호는
  忘憂堂. 1585년 정시문과에 급제했지만 왕의 뜻에 거슬린 구절 때문에 罷榜되
  었다. 임진왜란 때 의병을 일으켜 天降紅衣將軍이라 불리며 거듭 왜적을 무찔
  렀다. 정유재란 때 慶尙左道防禦使로 火旺山城을 지켰다.
48 梟勇(효용): 梟勇의 오기. 사납고 날쌤.
49 佐幕(좌막): 監司·留守·兵使·水使 따위에 따라 다니는 관원의 하나로 裨將
  을 가리킴.

● 5월

5월 1일.

들건대 적들은 수산역(水山驛)에서 곧바로 매호진(梅湖津)과 하
풍진(河豐津) 두 나루를 건너고 상산(商山: 상주)에 머물러 있던 적과
합세하여 당교(唐橋)에 머물렀다가 다시 문경군(聞慶郡)으로 쳐들
어와 현감(縣監) 신길원(申吉元)이 적의 칼날에 죽었다고 하니, 그
참혹한 바는 애통하고 통탄스럽기 그지없었다.

五月一日。

聞賊自守山[50], 卽渡梅湖[51]·河豐[52]兩津, 與商山[53]留賊合勢 留
唐橋[54], 更入聞慶郡, 縣監申吉元[55], 死於鋒鏑, 其所慘酷, 痛恨

---

50 守山(수산): 조선시대 경상도 醴泉에 위치한 驛. 경상우도 幽谷道의 屬驛 중의
하나이다.

51 梅湖(매호): 梅湖津. 경상북도 尙州의 沙伐面에 있던 나루. 예천군, 의성군,
안동군으로 통하는 길목이었다.

52 河豐(하풍): 河豐津. 경상북도 예천군 풍양면에 있는 나루. 그 근원이 셋이니,
하나는 尙州 任內인 山陽縣 四佛山에서 나오고, 하나는 順興 小白山에서 나오
고, 하나는 奉化의 太白山 黃池에서 나와서 尙州牧 龍宮縣 남쪽에서 합류한다.

53 商山(상산): 경상북도 상주의 옛 이름.

54 唐橋(당교): 경상북도 聞慶郡의 茅田洞과 尙州牧 咸昌縣 允直里 사이의 茅田
川에 있던 다리. 신라 때 金庾信이 唐나라 蘇定方의 군사들을 죽여 이곳에 묻
었다는 고사에서 유래된 이름이라 한다.

55 申吉元(신길원, 1548~?): 본관은 平山, 자는 慶初. 단양군수를 지낸 申國樑의
아들이다. 1576년 사마시에 급제하여, 태학의 추천으로 참봉을 거쳐 1590년에
문경현감으로 부임하여 임진왜란 때 왜군이 관내로 쳐들어오자 관병 수십 명을

無地也。

5월 2일。

당교(唐橋)에 주둔했던 적들이 군대를 나누어 편성하여 한 부대는 산서면(山西面)으로 들어가고 다른 한 부대는 산북면(山北面)으로 향하면서 인민들을 죽이며 약탈하자, 어리석은 농민들이 그 위력에 겁을 먹고서 얼굴을 들어 표정을 바꾸며 잠깐 동안이나마 목숨을 보전하려고 오직 왜적의 명령에만 복종하여 그 해독이 저 왜놈들보다 심하니, 이러한 짓을 차마 할 수 있단 말인가?

二日。

唐橋留賊, 分作隊伍, 一入山西, 一向山北, 殺掠人民, 愚蠢[56]農氓, 惻於威力, 摸面改形, 欲全晷刻[57]之命, 惟令是從, 其害甚於彼奴, 是可忍也耶?

이끌고 관아를 지키며 결사적으로 항전하였다. 중과부적으로 왜병들에게 밀려 鳥嶺을 향하여 후퇴하였으나 20여 명의 부하들과 함께 최후까지 항전, 온몸에 부상을 입고 유혈이 낭자한 모습으로 굽히지 않고 적을 꾸짖다가 마침내 사지를 절단당하여 죽었다. 그의 忠烈碑가 경상북도 유형문화재 제145호로 문경시 문경읍 상초리 340-1에 세워져 있다.

56 愚蠢(우준): 어리석음.

57 晷刻(구각): 잠깐 동안. 짧은 시간.

5월 3일.

들건대 총병(摠兵) 신립(申砬)이 군영(軍營)을 천연요새인 조령(鳥嶺)의 관문에 설치해 방어책으로 삼았으나 험준한 재는 전쟁을 치룰 만한 지역이 아니라고 스스로 생각하고는 충주(忠州)의 탄금대(彈琴臺)로 물러나 주둔하면서 결국 배수진(背水陣)을 쳤지만 패전했다고 하니 더욱 몹시 원통하고 한스러웠다.

三日。

聞申摠兵砬[58], 設營於天府鳥嶺之關, 以爲防禦之計, 而自以謂險嶺非用武之地, 退屯於忠州彈琴臺[59], 而卒乃背水, 而敗陣云, 尤極痛恨。

5월 5일。

적이 석문(石門)에 난입하여 위기가 매우 급박해지자, 지난날에 대비해두었던 육량전(六兩箭)·봉시(蓬矢)·삼릉장(三稜杖)·목창(木創: 木槍의 오기) 및 석거(石車: 돌을 쏘아대는 砲車) 등의 물건을 그대로 사용하기로 하고 한꺼번에 모두 꺼내어 적들이 생각하지 못한 틈에 공격하니, 적들이 놀라 허둥지둥 달아나 숨었지만 그대로 추격하여 10여 명을 베었다. 석문(石門) 안은 이에 힘입어 조금 안정되었다.

五日。

賊攔入石門[60], 危機甚迫, 因用前日所備, 六兩·蓬矢[61]·三稜·

---

58 申摠兵砬(신총병립): 申砬(1546~1592). 본관은 平山, 자는 立之. 1567년 무과에 급제하여 1583년 북변에 침입해온 尼湯介를 격퇴하고 두만강을 건너가 野人의 소굴을 소탕하고 개선, 함경북도 병마절도사에 올랐다. 임진왜란 때 三道都巡邊使로 임명되어 忠州 㺚川江 彈琴臺에서 背水之陣을 치며 왜군과 분투하다 패배하여 부하 金汝岉과 함께 강물에 투신 자결했다.

59 彈琴臺(탄금대): 충청북도 충주 서북 4㎞ 지점에 있는 대.

60 石門(석문): 경상북도 문경시 산북면 이곡리.

61 蓬矢(봉시): 쑥대로 만든 화살.

木創[62]及石車等物, 一時俱發, 出其不意, 賊驚惶逃遁, 因追斬
十餘級。石門之內, 賴此稍安。

5월 6일.

흩어졌던 적들이 당교(唐橋)에 모여 유둔(留屯)하면서 오래 주둔
할 계획을 세우니, 산오면(山五面: 산동면, 산서면, 산남면, 산북면, 영
순면)의 주위가 화살과 돌이 날아다니는 전쟁터 속에 있게 될 것이
라서 적지 않게 염려되었다.

六日。

散賊合屯唐橋, 爲久駐之計, 山五面[63]圍, 在矢石中, 爲慮不淺。

5월 7일.

정이성(鄭以惺)과 김갑년(金甲年: 金申年의 오기인 듯)을 보내어 왜
적의 머리를 벤 사실을 상주 목사에게 보고하였다.

七日。

遣鄭以惺[64]·金甲年[65], 以斬獲賊首, 報尙牧。

---

62 木創(목창): 木槍의 오기인 듯.

63 山五面(산오면): 문경시의 山陽面 鳳亭里 月芳山을 기준으로 산동면, 산서면,
   산남면, 산북면과 永順面을 통틀어 일컫는 말.

64 鄭以惺(정이성): 자는 汝悟. 당시 盈德 加川에 살았다. 〈火旺入城同苦錄〉에
   나온다.

65 金甲年(김갑년): 〈火旺入城同苦錄〉에는 金申年으로 나옴.

5월 8일。

들건대 도성(都城)에 들어간 왜적이 서신을 보내어서 한음(漢陰)
이덕형(李德馨)을 맞아 만났는데 강화(講和)를 청하는 일이었다고
한다.

八日。

聞入城之倭, 以書信, 邀見李漢陰[66]德馨, 請講和事云。

---

66 漢陰(한음): 李德馨(1561~1613)의 호. 본관은 廣州, 자는 明甫, 호는 雙松·
抱雍散人. 임진왜란이 일어나자 왜장 小西行長과 충주에서 담판하려 했으나
성사되지 못하였고, 대동강에서 玄蘇와 회담하여 그들의 침략을 논박하였다.
그 뒤 定州까지 선조를 호종하였다가 請援使로서 명나라에 원병을 청하였다.
귀국하여서는 대사헌이 되어 명군을 영접하고 군량의 수집을 독려하였다. 그해
12월 한성부 판윤이 되어 명장 이여송의 접반관으로 활동하였다. 이듬해 1월
판윤 직에서 물러났으나 4월에 다시 복귀하였으며, 형조·병조 판서를 거쳐
1594년 이조판서가 되었다. 1595년 경기도·황해도·평안도·함경도의 四道體
察府使에 임명되었으며, 1597년 정유재란 때에는 명장 楊鎬와 함께 서울 방어
에 힘썼다. 이 공으로 같은 해 38세의 나이로 우의정에 올랐고 곧이어 좌의정이
되었다. 전란이 끝난 후에는 判中樞府事가 되어 군대를 재정비하고 민심을 수
습하는데 노력하였으며, 대마도 정벌을 주장하였으나 실행되지는 못하였고,
1598년 영의정이 되었다.

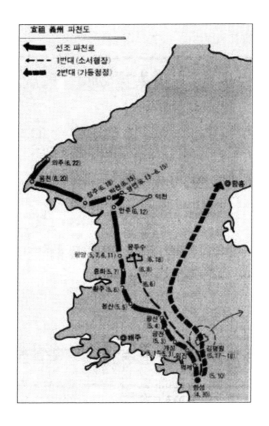

5월 9일.

김사선(金士宣: 金遠振)의 임시거처에서 성환 찰방(成歡察訪)을 만나 듣기를, 대가(大駕)가 지난달 그믐날에 출발하여 온종일 비를 무릅쓰고 동파역(東坡驛)에 도착하였으며, 다음날 출발하여 개성부(開城府)에 이르러 하루 머물렀으며, 그 다음날 출발하여 황해도 금교역(金交驛: 金郊驛의 오기)에, 나흘째는 보산역(寶山驛)에, 닷새째

는 봉산역(鳳山驛)에, 엿새째는 황주(黃州)에, 이레째는 평양(平壤)
에 도착했다고 하였다. 어가가 대궐을 떠나야만 하는 치욕이야말
로 신하나 백성이 된 자로서는 애통하고 절박한 심정이 마땅히 또
어떠하겠는가.

九日。

遇成歡[67]察訪於金士宣[68]寓所, 聞大駕前月晦日發御, 終日冒
雨, 到東坡驛[69], 翌日發御, 次開城府[70], 留一日, 仍發次黃海道
金交驛[71], 四日次寶山驛[72], 五日次鳳山驛[73], 六日次黃州[74], 七日

---

67 成歡(성환): 成歡驛. 충청남도 天原郡에 위치한 驛. 경기 일원에서 영남과 호
  남으로 갈 때는 반드시 成歡驛을 통하여 직산고을로 들어서서 천안삼거리에
  이르러 서쪽의 車嶺을 넘으면 공주를 거쳐 호남으로 가게 되고, 동쪽의 청주를
  거쳐 추풍령을 넘으면 慶尙右道로 가게 되고, 忠淸右道 내포지역의 중심지였
  던 洪州를 가기 위해서도 천안을 지나 아산으로 향하게 되어 있는 교통요충지
  이다.

68 士宣(사선): 金遠振(1559~1641)의 자. 본관은 尙山, 호는 止淵. 1606년 식년
  시에 급제하였다.

69 東坡驛(동파역): 경기도 파주시 진동면 동파리에 있던 驛. 조선시대에는 京畿
  右道程驛察訪에 소속되었다가 迎曙道의 속역으로 편입되어 조선시대 후기까
  지 존속하다 갑오개혁 때 폐지되었다. 사신 일행을 접대하는 등 잡역의 부담이
  다른 역보다 심하였다. 그리하여 1425년에는 병조에서, 사신의 수발과 영송에
  종사하는 인원을 기존의 8명에서 14명으로 늘릴 것을 요청하기도 하였다. 또한
  임진왜란 당시에는 선조가 의주로 피난하면서 이곳에 잠시 머물렀으며, 명나라
  군대가 벽제역에서 왜군에게 패한 뒤에는 명군의 주둔지로 활용되기도 하였다.

70 開城府(개성부): 조선시대 수도 방위를 목적으로 개성에 설치되었던 특수 행정
  기관. 한성부 주변의 행정적·군사적으로 중요한 지역을 선정해 주·부·군·현
  의 일반적인 행정 체계와는 별도로 특수 행정 체계로 유수부를 설치, 운영하였
  던 것이다.

到平壤云。御駕行在之辱, 爲臣民者, 痛迫之忱, 當復何如哉?

5월 10일。

온 하늘 아래의 모든 땅에서 난여(鑾輿: 임금)가 도성(都城)을 떠나 피란하였다는 소식을 들은 선비와 군자 및 여러 벼슬아치들이 짐승의 피를 나누어 마시고 맹세하자, 의병이 벌떼처럼 일어났다.

十日。

普土之濱[75], 聞鑾輿播越[76]之報, 士君子及諸大夫, 歃血同盟[77], 義旅蜂起。

---

71 金交驛(금교역): 金郊驛의 오기. 황해도 금천군 소재 驛.

72 寶山驛(보산역): 황해도 平山에 위치했던 驛. 개경과 서경을 연결하는 간선 교통로상의 역으로 중시되었다.

73 鳳山驛(봉산역): 황해도 봉산의 동남쪽에 위치했던 驛.

74 黃州(황주): 황해도 중북부에 위치한 고을.

75 普土之濱(보토지빈): 온 하늘 아래의 모든 땅. 《詩經》〈小雅·北山〉의 "하늘 아래 모든 곳이 왕의 땅 아닌 곳이 없으며, 어느 땅의 물가에 이르기까지 왕의 신하 아닌 자가 없다.(普天之下, 莫非王土, 率土之濱, 莫非王臣.)"라는 말에서 나온 것이다.

76 播越(파월): 播遷 또는 蒙塵. 임금이 난을 피하기 위해 도성을 떠나 다른 곳으로 피란함.

77 歃血同盟(삽혈동맹): 犧牲을 잡아 서로 그 피를 들이마셔 입술을 벌겋게 하고, 誓約을 꼭 지킨다는 丹心을 神에게 맹세하는 일.

5월 11일。

본디 있던 곳으로 되돌아와 보니 집에 두었던 온갖 세간들이 불
타 재가 되어 남은 것이라고는 없었으며, 조상의 묘소를 살피고는
편지와 격문(檄文) 1통을 지어 박사명(朴士明: 朴元亮)으로 하여금
중위장(中衛將) 권용중(權用中)의 막하에 전달하게 하였다.

十一日。

歸見本所, 則家藏什物, 灰燼無餘, 省掃墳塋, 裁書及檄文一
通, 使朴士明傳致於權中衛[78]幕下。

5월 13일。

간접으로 소문을 듣건대 도성(都城)에 들어간 왜적이 종묘(宗廟)
에 불을 놓고 창고를 태우고는 사평원(沙平院)·숭선평(崇善坪)에 모
여 있다고 하니, 더욱 망극하여 어찌할 바를 모르고 서쪽만 바라보
며 통곡하였다.

十三日。

轉聞[79]入城之倭, 放火宗廟, 燒滅倉廩, 屯聚沙平院[80]·崇善坪

---

78 權中衛(권중위): 中衛將 權用中을 가리킴. 임진왜란 당시 聞慶의 義兵陣은,
의병장 權義中, 治兵將 高尙會·尙顔, 幕佐 高仁繼·朴士明·蔡得江·金得龍
·李弘經, 先鋒將 崔大立, 典餉將 余春, 中衛將 權用中 등이었다.

79 轉聞(전문): 憑聞. 다른 사람을 거쳐서 간접으로 들음. 참고로 舊聞은 이미 들
은 소문이고, 厭聞은 싫증이 나도록 들은 소문이고, 傳聞은 전해들은 소문이
고, 逸聞은 알려지지 않은 소문이고, 風聞은 바람처럼 떠도는 소문이다.

云, 尤極罔措, 西望痛哭。

5월 14일.

들에 보리가 이미 익어서 밤을 틈타 몰래 베어다 겨우 목숨을
보전하였다. 그런데도 고을 안에 머물러 있던 왜적이 10여 명에
지나지 않았지만 낮에는 나뉘어 흩어져서 약탈하였고 밤에는 성문
을 닫아걸어 굳게 지키고 있자, 중위장(中衛將) 권용중(權用中)과 함
께 적의 칼날을 무릅쓰고 나아가 공격해 이기고 돌아왔다.

十四日。

野麥旣登, 乘夜潛刈, 僅保軀命。而州內留倭, 不過十數人, 晝
則分散抄掠, 夜則閉城堅守, 與權中衛, 冒刀進擊, 得捷而還。

5월 16일.

전해 듣건대 김명원(金命元)과 한응인(韓應寅)이 임진강(臨津江)
을 지키며 대치한 지 10여 일 만에 적에게 유인되어 제대로 싸우지
도 못하고서 패하여 도망했다고 하였다. 또 듣건대 함경도 북병사
(咸鏡道北兵使) 한극함(韓克諴)이 적과 해안창(海岸倉: 海汀倉의 오기)
에서 싸워 거의 이길 뻔 했으나 바로 패하여 사로잡혔고, 또 두
왕자 임해군(臨海君)과 순화군(順和君)이 모두 적의 수중에 들어갔

---

80 沙平院(사평원): 한강 건너 동남쪽에 있던 院. 서울특별시 강남구 신사동에 위
    치했으나 1925년 대홍수 때 소멸되었다고 한다.

다고 하니, 통분해 한들 어찌 미칠 수 있겠는가.

十六日。

傳聞金命元[81]·韓應寅[82], 守臨津江[83], 相距[84]十餘日, 爲賊所誘,

---

81 金命元(김명원, 1534~1602): 본관은 慶州, 자는 應順, 호는 酒隱. 1568년 종
성부사가 되었고, 그 뒤 동래부사·판결사·형조참의·나주목사·정주목사를 지
냈다. 1579년 의주목사가 되고 이어 평안병사·호조참판·전라감사·한성부좌
윤·경기감사·병조참판을 거쳐, 1584년 함경감사·형조판서·도총관을 지냈다.
1587년 우참찬으로 승진했고, 이어 형조판서·경기감사를 거쳐 좌참찬으로 지
의금부사를 겸했다. 1589년 鄭汝立의 난을 수습하는 데 공을 세워 平難功臣
3등에 책록되고 慶林君에 봉해졌다.1592년 임진왜란이 일어나자, 순검사에 이
어 팔도도원수가 되어 한강 및 임진강을 방어했으나, 중과부적으로 적을 막지
못하고 적의 침공만을 지연시켰다. 평양이 함락된 뒤 순안에 주둔해 行在所
경비에 힘썼다. 이듬해 명나라 원병이 오자 명나라 장수들의 자문에 응했고,
그 뒤 호조·예조·공조의 판서를 지냈다. 1597년 정유재란 때는 병조판서로 留
都大將을 겸임했다.

82 韓應寅(한응인, 1554~1614): 본관은 淸州, 자는 春卿, 호는 百拙齋·柳村.
1576년 사마시에 합격하고, 다음해 謁聖文科에 급제, 注書·예조좌랑·병조좌
랑·持平을 지내고, 1584년 宗系辨誣奏請使의 서장관으로 명나라에 다녀왔다.
1588년 신천군수로 부임하여, 이듬해 鄭汝立의 모반사건을 적발하여 告變, 그
공으로 호조참의에 오르고 승지를 역임하였다. 1591년 예조판서가 되어 진주사
로 재차 명나라에 가서 이듬해 돌아왔다. 임진왜란이 일어나자 八道都巡察使
가 되어 요동에 가서 명나라 援軍의 출병을 요청하고, 接伴官으로 李如松을
맞았다. 이듬해 請平君에 봉해지고, 서울이 수복되자 호조판서가 되었다. 1595
년 주청사로 명나라에 다녀오고, 1598년 우찬성에 승진, 1605년 府院君에 진봉
되고, 1607년 우의정에 올랐다. 1608년 선조로부터 遺教七臣의 한 사람으로
永昌大君의 보호를 부탁받았으며, 1613년 癸丑獄事에 연루되어 관작이 삭탈당
하였다가 후에 신원되었다.

83 臨津江(임진강): 함경남도 馬息嶺에서 발원하여 서남쪽으로 흘러 경기도 坡州
市에서 황해로 들어가는 강.

不戰而潰散云。且聞咸鏡北兵使韓克誠[85], 與賊戰於海岸倉[86], 幾
至得捷, 而旋敗被擒, 且兩王子臨海君[87]·順和君[88], 俱入賊中云,
痛何可及?

---

84 相距(상거): 相拒의 오기. 對峙. 서로 맞서서 버팀. 서로 대치함.

85 韓克誠(한극함, ?~1593): 慶源府使를 거쳐, 1592년 임진왜란 때 함경북도병
   마절도사로 海汀倉에서 加籐淸正의 군사와 싸웠다. 이때 전세가 불리하자 臨
   海君과 順和君 두 왕자를 놓아둔 채 단신으로 오랑캐마을 西水羅로 도주하였
   다가, 도리어 그들에게 붙들려 경원부로 호송, 가토의 포로가 되었다. 앞서 포
   로가 된 두 왕자 및 그들을 호행하였던 대신 金貴榮·黃廷彧 등과 다시 안변으
   로 호송되었다가 이듬해 4월 일본군이 서울을 철수할 때 허술한 틈을 타서 단신
   으로 탈출, 高彦伯의 軍陣으로 돌아왔으나 처형당하였다.

86 海岸倉(해안창): 海汀倉의 오기. 함경북도 성진에 있던 미곡창.

87 臨海君(임해군, 1574~1609): 宣祖의 맏아들 珒. 임진왜란 때 왜군의 포로가
   되었다가 석방되었다. 광해군 즉위 후 유배되었다가 죽었다.

88 順和君(순화군, ?~1607): 宣祖의 여섯째아들. 부인은 승지 黃赫의 딸이다. 임
   진왜란이 일어나자 왕의 명을 받아 黃廷彧·황혁 등을 인솔하고 勤王兵을 모병
   하기 위해서 강원도에 파견되었다. 같은 해 5월 왜군이 북상하자 이를 피하여
   함경도로 들어가 미리 함경도에 파견되어 있던 臨海君을 만나 함께 會寧에서
   주둔하였는데, 왕자임을 내세워 행패를 부리다가 함경도민의 반감을 샀다. 마
   침 왜군이 함경도에 침입하자 회령에 위배되어 향리로 있던 鞠景仁과 그 친족
   鞠世弼 등 일당에 의해 임해군 및 여러 호종관리들과 함께 체포되어 왜군에게
   넘겨져 포로가 되었다. 이후 안변을 거쳐 이듬해 밀양으로 옮겨지고 부산 多大
   浦 앞바다의 배 안에 구금되어 일본으로 보내지려 할 때, 명나라의 사신 沈惟敬
   과 왜장 小西行長과의 사이에 화의가 성립되어 1593년 8월 풀려났다. 성격이
   나빠 사람을 함부로 죽이고 재물을 약탈하는 등 불법을 저질러 兩司의 탄핵을
   받았고, 1601년에는 순화군의 君號까지 박탈당하였으나 사후에 복구되었다.

5월 18일.

들건대 이달 3일에 적진이 도성(都城)으로 몰려들자 원수(元帥) 김명원(金命元)과 유도장(留都將) 이양원(李陽元)이 모두 도성을 버리고 달아났으며, 도성의 문이 사방으로 열리자 적이 난입하면서 노래하기를, "험준한 고개에도 지키는 사람이 없었고 긴 강에도 아무런 대비가 없었으니, 동국(東國: 조선)은 괴뢰(傀儡: 꼭두각시)라 할 만하다."라고 하였다 한다.

十八日。

聞今月三日, 賊陣驅入都城, 元帥金命元·留都將李陽元[89], 幷皆棄走, 城門四開, 賊攔入而歌曰: "險嶺無人, 長江無備, 東國可謂傀儡也."

5월 19일.

장천(長川) 사람인 김일(金鎰)이 병사를 일으켜 싸우다가 죽었다.

十九日。

長川[90]人金鎰[91], 起兵戰亡。

---

89 李陽元(이양원, 1526~1592): 본관은 全州, 자는 伯春, 호는 鷺渚. 1592년 임진왜란이 일어나자 留都大將으로 수도의 수비를 맡았으나 한강 방어의 실패로 楊州로 철수, 分軍의 부원수 申恪과 함경도병마절도사 李渾의 군사와 합세해 蟹踰嶺에 주둔, 일본군과 싸워 승리한 뒤 영의정에 올랐다. 이때 의주에 피난해 있던 선조가 遼東으로 건너가 內附(딴 나라에 들어가 붙음)한다는 소식을 전해 듣고, 탄식하며 8일간 단식하다가 피를 토하고 죽었다 한다.

5월 20일.

장자산(丈者山)에 올라 멀리 함창(咸昌)과 은척(銀尺) 등지를 바라
보니 연기와 불길이 하늘로 치솟았다. 산골짜기에는 굶주린 사람
들이 간혹 서로 떼를 지어 도적질을 한다니, 듣기에 지극히 한심스
러워 즉시 편지를 쓰며 방어술 8조목을 언급하고는 중위장(中衛將)
권용중(權用中)의 진중으로 전하여 보냈다.

二十日。

上丈者山[92]，遙望咸昌·銀尺[93]等地，煙火漲天。山谷餓殍之

---

90 長川(장천): 경상북도 상주시 낙동면에서 북으로 흘러 낙동강에 드는 하천. 상
주의 남쪽 20리 지점에 있다.

91 趙靖(1555~1636)이 기록한 《黔澗先生文集辰巳日錄》와 趙翊(1556~1613)이
쓴 《可畦先生文集》〈辰巳日記〉 등의 5월 19일조에도 같은 기사가 수록되어 있
음. 尹暹의 후손인 尹行恁(1762~1801)의 《碩齋稿》 권9 〈海東外史·白大鵬〉
에도 같은 기사가 수록되어 있으면서 金鎰의 딸에 관한 이야기도 언급되어 있
고, 권19 〈金義士墓表〉는 바로 金鎰에 관한 묘표인데 尙州의 北溪에서 전투하
다 죽은 것으로 되어 있다. 따라서 상주 북계에서 전사한 김일에 관한 소식이
5월 19일에야 비로소 전해진 것으로 보인다. 북계는 오늘날 北川으로 일컬어진
다. 북천 전투에서 순국한 이가 의병장 金俊臣·金鎰, 종사관 尹暹·李慶流·
朴箎 등이다.

92 丈者山(장자산): 長者山. 高尙曾의 5대조 高士原이 竺山縣에 살 곳을 정하고
長者山 남쪽 旺泰里에 터를 잡았다고 하는데, 竺山은 尙州牧의 醴泉郡 龍宮
縣의 옛 명칭이며, 왕태리는 용궁현의 서면에 있던 마을이다. 오늘날의 문경시
永順面은 상주목 聞慶郡 龍宮縣의 서면 일부인 旺泰·五龍·粉土·隱崖·法洞
·槐皮·遠枝와 咸昌顯의 동면 일부인 錢村·栗谷·末應을 병합한 것이다. 산명
의 同異에 대해서는 고증할 자료가 없는 것으로 보인다.

93 銀尺(은척): 경상북도 상주시 은척면.

人, 或相聚爲盜, 聞極寒心, 卽作書及禦防術八條, 傳送于權中
衛陣中。

5월 22일。

들건대 도성(都城)에 머물러 있던 적들이 군량까지 또한 궁핍해
지자 행재소(行在所: 임금의 임시 거처)를 뒤쫓아 그대로 연경(燕京:
북경)을 침범하려 한다고 하였다.

二十二日。

聞留都之賊, 軍餉亦乏窮, 追行在, 仍犯燕京云。

5월 23일。

들건대 학봉(鶴峯) 김성일(金誠一)이 이전에 경상우도 초유사로
있을 때, 어떤 일로 말미암아 죄상을 추궁하고 심문하기 위해 잡아
들이라는 어명이 있어서 그대로 떠나 직산(稷山)에 이르렀다가 사
면을 받고서 또다시 초유사로 제수되어 진주(晉州)로 떠났다고 하
였다.

二十三日。

聞金鶴峯, 前在右廂, 因事有拿推之命, 仍發到稷山[94]蒙赦, 更
除招諭使, 向晉州[95]云。

---

94 稷山(직산): 충청남도 天原郡에 위치한 고을.
95 晉州(진주): 경상남도 남서부에 위치한 고을.

5월 24일。

편지를 써서 선승(善承: 高仁繼)의 집에 부탁해 의병진의 여러 구성원들과 난상토의하였는데, 일본 괴수를 공격하여 없애는 방책에 말이 미치니 다만 절로 울음을 삼키기만 할 뿐이었다.

二十四日。

作書, 付善承家, 與諸員爛議, 日酋討滅之方策, 興言及此, 秖自飮泣而已。

5월 25일。

선승(善承: 高仁繼)이 왔지만, 권의중(權義中)과 따로 도탑게 의논할 일이 있었다.

二十五日。

善承來到, 與權義中, 別有敦議事。

5월 27일。

들건대 전라도 방어사(全羅道防禦使: 郭嶸)가 김산(金山: 金泉)에서 접전하여 왜적 수십 명을 베었다고 하니, 출병한 이후로 처음 이런 승첩을 거두어서 통쾌하였다. 방어사(防禦使: 곽영)와 조방장(助防將: 李之詩)이 행재소(行在所)에 장계(狀啓)를 올려 경상도 수령의 잘잘못을 논하였다.

二十七日。

聞全羅防禦使[96], 接戰於金山[97], 斬賊數十級, 出師以後, 始有此捷, 快哉! 防禦使·助防將⁹⁸, 狀啓于行在, 論慶尙道守令得失。

5월 29일。

선승(善承: 高仁繼)의 집에 이르렀다가 경보(京報)를 보니, 사족
및 평민과 서얼 중에서 왜적 셋 이상의 목을 벤 자는 무과(武科)
벼슬을 내려주었으며, 관노비이든 사노비이든 전공(戰功)이 있는

---

96 全羅防禦使(전라방어사): 郭嶸(생몰년 미상)을 가리킴. 본관은 宜寧. 1591년
   평안도병마절도사를 역임하였다. 1592년 임진왜란이 일어나자 전라도방어사로
   서 龍仁·錦山 전투에 참가하였으나 패주, 사헌부로부터 전란 이후 단 한 번도
   용감하게 싸움을 못한 拙將이라 하여 탄핵을 받았다. 1595년 右邊捕將·行護
   軍 등을 역임하였다.

97 接戰於金山(접전어김산): 金山은 경상북도 김천 지역의 옛 지명. 趙慶男의
   《亂中雜錄》권1〈壬辰 上〉5월 27일조에 의하면, 전라방어사 곽영과 조방장
   이지시가 병사 5천 명을 이끌고 南原·雲峯에서 咸陽을 향하여 영남을 구원하
   러 달려갔다. 그런데 4월 30일조에 의하면, 전라방어사 곽영이 군사를 거느리
   고 金山 땅에 이르자 경상도 우방어사 趙儆 등이 와 합세하여 金泉驛에 이르러
   倭賊 5級을 베었고, 이어 郡 내에 잔류한 왜적이 있다는 소식을 듣고는 군사를
   전진 포위하여 잡아 30여 급을 베었으며 아군의 피해는 50여 명이었다고 기록
   되어 있다. 그리고 《선조실록》1592년 5월 20일조 3번째 기사를 보면, 宣祖의
   물음에 尹斗壽가 대답하면서 "장계를 갖고 온 靈光 사람의 말에 의하면 金山에
   서 郭嶸이 왜적을 사로잡았다."고 한다며 보고하는 장면이 있다.

98 助防將(조방장): 李之詩(?~1592)를 가리킴. 본관은 丹陽, 자는 詠而, 호는 松
   菴. 1567년 무과에 장원급제, 훈련원정으로 있다가 문장에 능통하였으므로 특
   별히 東班職인 注書에 등용되었고, 곧이어 문무가 겸비한 것을 인정받아 승지
   로 발탁되었다. 1583년에는 이성현감으로 있으면서 북방 오랑캐의 침입을 격퇴
   하였다. 그 뒤 1592년 임진왜란 때에는 助防將으로 경상도에 나가 여러 번 싸워
   공을 세웠으며, 청주가 함락되고 적이 수원에 웅거하자 이를 격퇴하기 위하여
   白光彦 등과 함께 분전하다가 전사하였다.

자는 양민이 되는 것을 허용하였다.

二十九日。

到善承家, 見京報[99], 則士族及平民與庶孼之中, 斬賊三級以上, 授武科, 雖公私之賤, 有功者, 許從良[100]也。

● 6월

6월 1일。

가은면(加恩面)의 사람들과 훈련봉사(訓練奉事) 송건(宋建)이 거느린 여러 군사들이 상주(尙州)와 함창(咸昌)에 남아 있던 적들을 급습하여 무수히 쏘아 죽였는데, 나는 홀로 말을 타고 창 하나를 비껴들고서 바로 영천(榮川: 榮州)·예천(醴泉)·순흥(順興) 사이를 빈틈없이 찬찬히 살펴서 활과 쇠뇌에 매우 뛰어난 자 8명을 찾아 돌아왔다.

六月一日。

加恩面[101]訓練奉事宋建[102], 率諸軍, 急擊尙·咸留賊, 射殺無

---

99 京報(경보): 朝報·朝紙·邸報·漢京報·寄別紙 등으로도 불림. 승정원이 발행을 담당했으며, 서울과 지방의 관리들에게 배포되었다. 내용은 임금의 명령과 지시, 정부의 중요 결정 사항, 관리 임명 외에 기상 이변, 자연 재해 및 사회·군사 문제 등을 다루었다.

100 從良(종량): 천민이 양민이 되던 일.

101 加恩面(가은면): 경상북도 문경군에 속한 면. 趙靖(1555~1636)이 기록한 《黔

數, 余以匹馬單創, 卽到榮川[103]·醴泉[104]·順興[105]之間, 得神於弓
弩者八人而歸。

6월 2일。

들건대 도성(都城)을 지키지 못하여 적의 기세가 갑절이나 치솟
았다고 하지만, 용궁 현감(龍宮縣監) 우복룡(禹伏龍)은 화장산(花莊
山)에 웅거하고 적의 길을 차단하여 사로잡은 바가 매우 많았다.

二日。

聞都城失守, 賊勢倍湧, 龍宮[106]倅禹伏龍[107], 據花莊山[108], 沮

潤先生文集辰巳日錄》의 6월 1일 기사에 의하면, "들건대 가은리 사람들과 훈
련봉사 송건 등 100여 명이 함창과 상주에 남아있던 적들을 공격하기로 꾀하여
일곱여덟 명을 쏘아 죽였다.(聞加恩里人及訓鍊奉事宋建等百餘人, 謀擊咸昌
·尙州留賊, 得射七八人.)"고 되어 있는바, 이 기록을 참고해 번역한다.

102 宋建(송건, ?~1592): 본관은 礪山. 1588년 무과에 급제해 북방의 경비를 맡았
다. 효자로도 이름이 높았는데 복무 중 어머니가 돌아가시자 곧 귀향해 삼년상
을 치렀다는 일화는 유명하다. 임진왜란이 일어나자 助防將 梁士俊의 청으로
佐幕이 되어 참전했다. 전투 때마다 선봉에 서 공이 많아 星州判官에 임명되었
다. 咸昌에서 적과 만나 싸우다 중과부적으로 죽었다.

103 榮川(영천): 榮州. 경상북도의 최북단에 위치한 고을.

104 醴泉(예천): 경상북도 북서부에 위치한 고을.

105 順興(순흥): 경상북도 영주에 위치한 고을.

106 龍宮(용궁): 경상북도 예천에 위치한 고을.

107 禹伏龍(우복룡, 1541~1613): 본관은 丹陽, 자는 현길(見吉), 호는 懼庵·東溪.
1573년 司馬試에 합격하여 성균관 유생이 되었다. 임진왜란 때 龍宮縣監으로
용궁을 끝까지 방어, 그 공으로 安東府使에 올랐다. 1599년 洪州牧使가 되어

遏賊路, 所獲甚衆。

6월 4일。

적이 산을 넘어 화령(化寧)에 쳐들어와서 사찰을 약탈하고 승려들을 마구 죽였다. 상주(尙州)의 적군이 용궁(龍宮)과 예천(醴泉)에 끊이질 않고 출몰하니 5일 사이에 행인들이 급작스레 끊어지자, 호계(虎溪)에서 약탈하던 왜적들이 바로 산서(山西)와 산북(山北)을 침범하니 인심이 놀라고 겁먹어 달아나 바위굴에 숨었다. 피난한 사람들이 굶주림을 견디지 못하고 왜적의 모습으로 가장하고는 마을에 난입하여서 탈취해 가는 것이 왕왕 있었다.

四日。

賊踰山入化寧[109], 搶掠寺刹, 亂殺僧徒。尙州賊軍, 絡繹[110]龍·醴, 五日之間, 行人頓切, 虎溪[111]抄掠之倭, 卽犯山西·山北, 人心驚怵, 逃竄巖穴。避亂人, 不耐飢餓, 以假倭貌狀, 攔入洞里, 奪取而去者, 往往焉。

선정을 베풀고, 羅州牧使·忠州牧使를 거쳐 1612년 成川府使에 이르렀다.
108 花莊山(화장산): 예천에 花庄里가 있는 것을 고려한다면 한자표기의 오기인 듯.
109 化寧(화령): 경상북도 상주에 속한 마을. 조선시대에는 報恩에서 이곳을 거쳐 栗峴을 지나 尙州에 이르는 도로가 발달하였다. 부근에는 倉과 長林驛이 있었으며, 하천을 따라 永同으로 나갈 수 있었다.
110 絡繹(낙역): 사람이나 수레의 왕래가 끊이지 않음.
111 虎溪(호계): 경상북도 문경에 속한 縣.

6월 9일.

관군의 승전을 이르자면, 영남(嶺南)의 좌도(左道)와 우도(右道)에 각기 방백(方伯: 관찰사)을 두어 우도는 김수(金睟)가 그대로 맡고 좌도는 이성임(李成任: 李聖任의 오기)이 새로 임명되어 왔는데 서로 기각지세(掎角之勢: 다리를 끌어당기고 뿔을 잡듯 협공하여 적수에 맞서는 태세)를 이루어서 풀을 베듯 공격하자, 또한 적의 기세가 점차 꺾여 괴산(槐山)에서 내려온 왜적들이 즉시 상주(尙州)로 들어와 마음대로 임시 보루(堡壘: 적의 침입을 막기 위해 튼튼하게 쌓은 구축물)를 만들었으니 나무로 설치한 음흉한 계책이었다.

또 듣건대 임금이 파천할 뜻을 가지자 물의(物議: 여론)가 의심하며 두려워한다고 하였다.

상주(尙州)의 청리(靑里)에 사는 내한(內翰) 김사종(金嗣宗)이 의병을 거느리고 적을 막으며 왜놈의 괴수들을 많이 죽였는데 갑자기 날아온 탄환에 맞은 부위가 부스럼이 생겨서 거의 죽게 되었으니 한탄스럽고 애석하였다.

九日.

官捷云, 嶺南左右道, 各置方伯, 右道則金睟仍任, 左道則李成任[112]新除而來, 互相掎角[113], 攻擊芟刈[114], 以且賊氣漸剉, 自

---

112 李成任(이성임): 李聖任(1555~?)의 오기. 본관은 全州, 자는 君重, 호는 月村. 1583년 聖節使의 書狀官으로 명나라에 다녀왔고, 이듬해 암행어사로 파견되어 안산군수 洪可臣과 삭녕군수 曺大乾이 선치가 있음을 아뢰어 승진하도록 하였다. 1590년 담양부사가 되었으며, 1592년 임진왜란이 일어나자 자청하여

槐山¹¹⁵下來倭賊, 卽入尙州, 橫作假壘, 樹設凶謀。且聞大駕有
去邠¹¹⁶之意, 物議疑懼也。尙州靑里居人金內翰嗣宗¹¹⁷, 仗義禦
賊, 多殺日酋, 而猝遇飛丸所突, 病瘡垂死, 可歎可惜。

6월 17일.

들건대 적이 송경(松京: 開城)을 함락시키자 대가(大駕)가 서경(西
京: 평양)을 떠나 용만(龍灣)에 머물렀다가 또 의주(義州)로 옮긴다고
하는데, 애달프게도 우리 신하와 백성들은 안으로 국정을 잘 닦고
밖으로 외적의 침입을 물리치는 계책이 하나도 없어서 난여(鑾輿:
大駕)로 하여금 화살을 무릅쓰며 여러 차례 옮겨가도록 하였으니,

경상도관찰사가 되어, 몸소 군사를 모집하여 왜적을 토벌하려 하였으나 전선이
막혀 뜻을 이루지 못하고 돌아왔다. 곧 순찰부사가 되어 민병 800여명을 거느
리고 전선으로 나아가 참찬 韓應寅의 군무를 도왔으나, 임진강의 방어선이 무
너져 사태가 급박하여지자 패주하였다. 패주한 죄로 사헌부의 탄핵을 받아 한
때 파직당하였으나, 1594년 강원감사·길주목사·황해도관찰사가 되었다.
113 犄角(의각): 掎角之勢. 다리를 끌어당기고 뿔을 잡듯 협공하여 적수에 맞서는
태세.
114 芟刈(삼예): 풀을 깎듯이 베어 냄.
115 槐山(괴산): 충청북도 괴산군 괴산읍 서부리 고을 범위.
116 去邠(거빈): 임금이 전란을 피해 서울을 버리고 다른 곳으로 옮겨가는 것. 원래
邠은 중국 周나라의 서울이었는데, 太王이 오랑캐의 침입을 받자 이를 피하기
위해 岐山 밑으로 옮겨간 고사에서 유래하였다.
117 金內翰嗣宗(김내한사종): 金嗣宗(?~1593). 임진왜란 때 鞍嶺 전투에서 愚伏
鄭經世가 尙州人 金光輻과 함께 領將으로 삼은 사람이다. 이때 왜적들의 목을
베거나 사로잡는 공을 세웠다고 한다.

어찌 접성(鰈城: 우리나라)에 충성스럽고 의로운 선비로 흰 칼날을
밟고서라도 삼군(三軍)의 원수(元帥)를 빼앗을 사람이 있다고 할 수
있겠는가.

十七日。

聞賊陷松京[118], 大駕自西京[119], 駐龍灣[120], 又移義州[121]云, 哀
我臣民, 一無內修外攘[122]之策, 使鑾輿蒙矢累遷, 豈可曰鰈城[123],
有忠義之士, 白刃可蹈, 三軍可奪[124]之人乎?

6월 18일。

들건대 명나라의 유격장(遊擊將: 史儒)이 도움도 받을 수 없는 군
대로 서경(西京: 평양)으로 가벼이 진격했다가 적의 칼날에 좌절하

---

118 松京(송경): 조선시대 이후 고려시대의 도읍지인 開城을 松嶽山 밑에 있던 서
　　울이란 뜻으로 일컫는 말.

119 西京(서경): 高麗 때 四京의 하나. 조선시대에 平壤을 일컫는 말이었다.

120 龍灣(용만): 평안북도 義州에 속한 마을.

121 義州(의주): 평안북도 북서단에 위치한 고을.

122 內修外攘(내수외양): 안으로는 국내의 정치를 잘 다스려 至治를 이루고 밖으로
　　는 외적을 물리쳐 평화를 유지함.

123 鰈城(접성): 鰈域. 우리나라의 다른 이름. 가자미 형상 같이 생긴 강역이라 하
　　여 우리나라를 가리켜 이르는 말이다.

124 三軍可奪(삼군가탈): 《論語》〈子罕篇〉의 "三軍의 장수는 빼앗을 수 있으나 필
　　부의 뜻은 빼앗을 수 없다.(三軍可奪帥也, 匹夫不可奪志.)"에 나오는 말. 集
　　註에 따르면 삼군의 용맹은 남에게 달려 있지만 필부의 뜻은 그 자신에게 있으
　　므로 빼앗을 수 없다고 하였다.

여 군대를 압록강(鴨綠江) 기슭으로 퇴각시키자 적들은 진(秦: 명나라)을 깔보아 교만한 기색이 있었는데, 명나라 도독사(都督使) 이여송(李如松)이 10만 대군을 이끌고 동쪽으로 압록강을 건넜다고 하였다.

우리나라에서는 명나라 군대를 맞아서 인도해 오는 일 때문에 사신을 영유현(永柔縣) 등지로 보내자, 이로써 인심이 조금 안정되었다.

十八日。

聞天朝游擊將, 以孤軍輕進西京, 挫於銳賊, 而退陣鴨江岸, 賊輕秦有驕色, 天朝都督使李如松[125], 率十萬大兵, 東渡鴨江云。我國, 以天兵導迎事, 送使於永柔[126]等地, 以此人心稍定耳。

---

125 李如松(이여송, 1549~1598): 명나라 장수. 朝鮮 출신인 李英의 후손이며, 遼東總兵으로 遼東지역의 방위에 큰 공을 세운 李成梁(1526~1615)의 長子이다. 임진왜란 때 防海禦倭總兵官으로서 명나라 구원군 4만 3천 명을 이끌고 동생 李如柏과 왔다. 43,000여의 明軍을 이끌고 압록강을 건넌 그는 休靜(1520~1604), 金應瑞(1564~1624) 등이 이끄는 조선의 僧軍, 官軍과 연합하여 1593년 1월 고니시 유키나가[小西行長]의 왜군을 기습해 평양성을 함락시켰다. 그리고 퇴각하는 왜군을 추격하며 평안도와 황해도, 개성 일대를 탈환했지만, 한성 부근의 碧蹄館에서 고바야카와 다카카게[小早川隆景], 다치바나 무네시게[立花宗茂] 등이 이끄는 왜군에 패하여 開城으로 퇴각하였다. 그리고 함경도에 있는 가토 기요마사[加藤淸正]의 왜군이 평양성을 공격한다는 말이 떠돌자 평양성으로 물러났다. 그 뒤에는 전투에 적극적으로 나서지 않고 화의 교섭에만 주력하다가 그 해 말에 劉綎(1558~1619)의 부대만 남기고 명나라로 철군하였다.

126 永柔(영유): 永柔縣. 평안남도 平原郡의 屬縣. 평양의 서북쪽에 인접해 있다.

6월 20일.

들건대 전라수군절도사(全羅水軍節度使) 이순신(李舜臣)이 우수사(右水使) 이억기(李億祺)·경상우수사(慶尙右水使) 원균(元均)과 군대를 합하여 왜적을 거제도(巨濟島)의 바닷가에서 대파하여 민심이 조금 안정되었다고 하였다.

二十日。

聞全羅水軍節度使李舜臣[127], 與右水使李億祺[128]·慶尙右水使

127 李舜臣(이순신, 1545~1598): 본관은 德水, 자는 汝諧. 1576년 식년무과에 급제했다. 1589년 柳成龍의 천거로 高沙里僉使로 승진되었고, 절충장군으로 滿浦僉使 등을 거쳐 1591년 전라좌도 水軍節度使가 되어 여수로 부임했다. 이순신은 왜침을 예상하고 미리부터 군비확충에 힘썼다. 특히, 전라좌수영 본영 선소로 추정되는 곳에서 거북선을 건조하여 여수 종포에서 點考와 포사격 시험까지 마치고 돌산과 沼浦 사이 수중에 鐵鎖를 설치하는 등 전쟁을 대비하고 있었다. 임진왜란이 일어나자 가장 먼저 전라좌수영 본영 및 관하 5관(순천·낙안·보성·광양·흥양) 5포(방답·사도·여도·본포·녹도)의 수령 장졸 및 전선을 여수 전라좌수영에 집결시켜 전라좌수영 함대를 편성하였다. 이 대선단을 이끌고 玉浦에서 적선 30여 척을 격하하고 이어 泗川에서 적선 13척을 분쇄한 것을 비롯하여 唐浦에서 20척, 唐項浦에서 100여 척을 각각 격파했다. 7월 閑山島에서 적선 70척을 무찔러 閑山島大捷이라는 큰 무공을 세웠고, 9월 적군의 근거지 부산에 쳐들어가 100여 척을 부수었다. 이 공으로 이순신은 정헌대부에 올랐다. 1593년 다시 부산과 熊川의 일본 수군을 소탕하고 한산도로 진을 옮겨 本營으로 삼고 남해안 일대의 해상권을 장악, 최초로 삼도수군통제사가 되었다. 1596년 원균 일파의 상소로 인하여 서울로 압송되어 囹圄의 생활을 하던 중, 우의정 鄭琢의 도움을 받아 목숨을 건진 뒤 도원수 權慄의 막하로 들어가 백의종군하였다. 1597년 정유재란 때 원균이 참패하자 다시 삼도수군통제사에 임명되었다. 12척의 함선과 빈약한 병력을 거느리고 鳴梁에서 133척의 적군과 대결, 31척을 부수어서 명량대첩을 이끌었다. 1598년 명나라 陳璘 제독을 설득하여 함께 여수 묘도와 남해 露梁 앞바다에서 순천 왜교성으로부터 후퇴하던

元均[129]合軍, 大破賊於巨濟[130]之濱, 民情稍定。

적선 500여척을 기습하여 싸우다 적탄에 맞아 전사했다.

128 李億祺(이억기, 1561~1597): 본관은 全州, 자는 景受. 1591년 이순신이 전라좌도 수군절도사로 부임할 때 순천부사에 발탁되었다. 임진왜란이 일어나자, 전라우도 수군절도사가 되어 唐浦·玉浦·安骨浦·絶影島 등의 해전에서 왜적을 크게 격파했다. 이순신이 무고로 투옥되자 李恒福·金命元 등과 함께 이순신의 무죄를 주장했다. 1597년 정유재란 때 통제사 元均의 휘하에서 부산에 있던 왜적을 공격하다가 漆川梁海戰에서 전사했다.

129 元均(원균, 1540~1597): 본관은 原州, 자는 平仲. 무과에 급제한 뒤 造山萬戶가 되어 북방에 배치되어 여진족을 토벌하여 富寧府使가 되었다. 전라좌수사에 천거되었으나 평판이 좋지 않다는 탄핵이 있어 부임되지 못했다. 경상우도 수군절도사에 임명되어 부임한 지 3개월 뒤에 임진왜란이 일어났다. 왜군이 침입하자 경상좌수영의 수사 朴泓이 달아나버려 저항도 못해보고 궤멸하고 말았다. 원균도 중과부적으로 맞서 싸우지 못하고 있다가 퇴각했으며 전라좌도 수군절도사 이순신에게 원군을 요청하였다. 이순신은 자신의 경계영역을 함부로 넘을 수 없음을 이유로 원군요청에 즉시 응하지 않다가 5월 2일 20일 만에 조정의 출전명령을 받고 지원에 나섰다. 5월 7일 옥포 해전에서 이순신과 합세하여 적선 26척을 격침시켰다. 이후 합포·적진포·사천포·당포·당항포·율포·한산도·안골포·부산포 등의 해전에 참전하여 이순신과 함께 일본 수군을 무찔렀다. 1593년 이순신이 삼도수군통제사가 되자 그의 휘하에서 지휘를 받게 되었다. 이순신보다 경력이 높았기 때문에 서로 불편한 관계가 되었으며 두 장수 사이에 불화가 생기게 되었다. 이에 원균은 육군인 충청절도사로 자리를 옮겨 상당산성을 개축하였고 이후에는 전라좌병사로 옮겼다. 1597년 정유재란 때 加藤淸正이 쳐들어오자 수군이 앞장서 막아야 한다는 건의가 있었지만 이순신이 이를 반대하여 출병을 거부하자 수군통제사를 파직당하고 투옥되었다. 원균은 이순신의 후임으로 수군통제사가 되었다. 기문포 해전에서 승리하였으나 안골포와 가덕도의 왜군 본진을 공격하는 작전을 두고 육군이 먼저 출병해야 수군이 출병하겠다는 건의를 했다가 권율 장군에게 곤장형을 받고 출병을 하게 된다. 그해 6월 가덕도 해전에서 패하였으며, 7월 칠천량 해전에서 일본군의 교란작전에 말려 참패하고 전라우도 수군절도사 이억기 등과 함께 전사하였다. 이 해전에

6월 29일.

초유사(招諭使)가 보내온 격문(檄文)을 볼 수 있었는데 격문의 내용이 간절하고 지성스러웠으니, 도망하여 숨은 백성들을 도로 불러들이고 각각 무장시켜 의병에 배치하는 것이었다.

二十九日。

得見招諭使移檄, 則辭旨懇惻, 招還逃匿人民, 各具兵器, 附義焉。

● 7월

적이 다시 가은(加恩)에 들어가 30여 집을 태워버렸다.

七月。賊復入加恩, 燒火三十餘家。

7월 3일.

초유사(招諭使)가 거창(居昌)에 있는 적을 습격하고 곧바로 진양성(晉陽城: 진주성)으로 향하였다.

三日。

서 조선의 수군은 제해권을 상실했으며 전라도 해역까지 왜군에게 내어 주게 되었다. 그가 죽은 뒤 백의종군하던 이순신이 다시 수군통제사에 임명되었다. 임진왜란이 끝난 뒤 1603년 이순신·권율과 함께 선무공신에 책록되었다.

130 巨濟(거제): 巨濟島. 경상남도 鎭海灣 전면에 위치한 섬.

招諭使襲擊居昌[131]賊, 卽向晉陽城。

7월 5일。

주백(州伯: 상주목사 金澥)이 중장(重杖)으로 윤식(尹湜)을 다스린
것은 상주 지경을 넘어 용궁(龍宮)의 진중과 합세한 것을 죄로 삼은
것이니 매우 해괴하고 통탄스러웠다.

五日。

州伯重杖尹湜[132], 以越附龍宮陣爲罪, 深可駭痛。

7월 7일。

듣건대 광해군(光海君)을 세자(世子)로 책봉했다고 하는데, 참으
로 국본(國本: 나라의 근본. 왕세자 지칭)을 정하여 민심을 진정시키려

---

131 居昌(거창): 경상남도 북서부에 위치한 고을.

132 尹湜(윤식): 무과출신. 趙靖(1555~1636)이 기록한《黔澗先生文集辰巳日錄》
의 7월 5일조에 의하면, "무과 출신 尹湜이 일찍이 용궁의 진중으로 가서 왜적
몇 명을 사살하고 돌아오자, 상주목사가 상주의 적을 잡지 않고 멀리 다른 고을
에 갔다는 이유로 重杖 50대를 때렸다고 하는데, 윤식이 용궁에 간 것은 그가
하고자 한 것이 아니라 다만 상주에는 主將이 없고 용궁에는 고을 수령이 군사
를 거느려 열심히 방어하고 있어서 의지하여 일을 이룰 수 있었기 때문이었다.
피차를 막론하고 왜적을 죽이는 것이야 마찬가지이거늘 상주목사의 정사가 이
와 같았으니 그의 뜻은 나라를 지키는데 있지 않고 윤식의 능력을 숨기고 공을
꺼렸던 것이다.(武科尹湜曾赴龍宮陣, 射殺倭數級而來, 牧伯以不捕本州之賊
而遠赴他邑之故, 重杖五十度云, 湜之赴彼, 非其所欲, 直以此州無主將, 而
彼邑則主倅摠兵勤禦, 可以倚而成事故也. 不論彼此, 其殺賊則一也, 而土主
之爲政如此, 其志不在國家, 而掩能忌功。)"고 되어 있다.

는 뜻에서 나온 것이다.

七日。

聞丹封[133]光海[134]爲世子, 實出於定國本[135]鎭民情之意也。

7월 10일。

김면(金沔)·조종도(趙宗道)·정인홍(鄭仁弘)·박성(朴惺)·문덕수 (文德粹) 등이 합세하여 의병을 일으켜 통솔한 군졸이 거의 6,7천 명에 이르렀고, 북을 둥둥 치며 행진하여 출동하는데 군율이 자못 엄하다고 하니, 장하기도 하여라.

十日。

金沔[136]·趙宗道[137]·鄭仁弘[138]·朴惺[139]·文德粹[140]等, 合勢擧義,

---

133 丹封(단봉): 冊封의 오기인 듯.

134 光海(광해, 1575~1641): 본관은 全州, 이름은 李琿. 宣祖의 둘째아들로, 어머 니는 恭嬪金氏이다. 妃는 판윤 柳自新의 딸이다.1592년 임진왜란이 일어나자 피난지 평양에서 서둘러 세자에 책봉되었다. 선조와 함께 의주로 가는 길에 영 변에서 만약의 사태에 대비해 分朝를 위한 國事權攝의 권한을 위임받았다. 그 뒤 7개월 동안 강원·함경도 등지에서 의병 모집 등 분조 활동을 하다가 돌아와 行在所에 합류하였다. 서울이 수복되고 명나라의 요청에 따라 조선의 방위체계 를 위해 軍務司가 설치되자 이에 관한 업무를 주관하였다. 또 1597년 정유재란 이 일어나자 전라도에서 모병·군량 조달 등의 활동을 전개하였다. 1594년 尹根 壽를 파견해 세자 책봉을 명나라에 주청했으나, 장자인 임해군이 있다 하여 거 절당하였다.

135 國本(국본): 나라의 근본이라는 뜻. 왕위를 이를 세자 또는 태자를 달리 이르는 말이다.

136 金沔(김면, 1541~1593): 본관은 高靈, 자는 志海, 호는 松菴. 임진왜란 때 분

연 궐기하여 의병을 규합하여 開寧 지역에 있는 적병 10만과 대치하여 牛旨에 진을 치고, 金時敏과 함께 知禮를 역습하여 대승했다. 1593년 경상우도 병마절도사가 되어 의병과 함께 진을 치고 善山의 적을 치려할 때 병에 걸리자 죽음을 알리지 말라는 유언을 남기고 죽었다.

137 趙宗道(조종도, 1537~1597): 본관은 咸安, 자는 伯由, 호는 大笑軒. 1589년 鄭汝立의 모반 사건에 연루되어 투옥되었다가 석방되었으며, 임진왜란 때 단성현감을 지내고 1596년 咸陽郡守에 있다가 병으로 사임했다. 정유재란 때 의병을 규합, 안음현감 郭䞭과 함께 黃石山城에서 왜장 加藤淸正이 인솔한 적과 싸우다 전사했다.

138 鄭仁弘(정인홍, 1535~1623): 본관은 瑞山, 자는 德遠, 호는 萊菴. 南冥 曺植의 문인으로, 崔永慶, 吳健, 金宇顒, 郭再祐 등과 함께 경상우도의 南冥學派를 대표하였는데, 1581년 掌令이 되어 鄭澈·尹斗壽를 탄핵하다가 해직되었다. 1589년 鄭汝立 獄事를 계기로 동인이 남북으로 분립될 때 北人에 가담하여 領首가 된 인물이다. 1592년 임진왜란 때 濟用監正으로 陜川에서 의병을 모아, 星州에서 왜병을 격퇴하여 영남의병장의 호를 받았다. 이듬해 의병 3,000명을 모아 성주·합천·함안 등을 방어했고, 1602년 대사헌에 승진, 중추부동지사·공조참판을 역임하였으며 柳成龍을 임진왜란 때 화의를 주장하였다는 죄목으로 탄핵하여 사직하게 하고, 洪汝諄과 南以恭 등 北人과 함께 정권을 잡았다. 1608년 柳永慶이 선조가 광해군에게 양위하는 것을 반대하자 이를 탄핵하다가, 이듬해 寧邊에 유배되었다. 하지만 선조가 급서하고 광해군이 즉위하자 대사헌이 되어 大北政權을 세웠다. 자신의 스승인 남명 조식의 학문을 기반으로 경상우도 사림세력을 형성하였다. 더구나 임진왜란 당시의 의병장으로서 활약한 경력과 남명의 학통을 이어받은 수장으로써 영남사람의 강력한 영향력과 지지기반을 확보하였다. 1623년 인조반정 뒤 참형되고 가산은 적몰되었으며, 이후 대북은 정계에서 거세되어 몰락하였다.

139 朴惺(박성, 1549~1606): 본관은 密陽, 자는 德凝, 호는 大菴. 鄭逑의 문인. 裵紳에게 사사, 科擧에의 뜻을 버리고 학문에 정진, 崔永慶·金沔·張顯光 등과 사귀었다. 鄭仁弘과도 친했으나 그가 대사헌에 올라 권세를 부려 절교하였다. 1592년 임진왜란 때 招諭使 金誠一의 참모로, 정유재란 때는 趙穆과 상의해 의병을 일으켜서 체찰사 李元翼의 참모로 종군, 周王山城의 대장으로 활약

統率軍卒, 殆至六七千名, 鼓鼓行出, 軍律頗嚴云, 壯哉!

7월 13일.

들건대 성주(星州)와 칠곡(漆谷) 등지는 적들이 퇴각했기 때문에 사람들이 다니는 길이 다소 통하였다.

十三日。

聞星州·漆谷[141]等地, 以賊退之故, 行路稍通。

7월 23일.

서로(瑞老) 김언령(金鷗齡)의 편지를 볼 수 있었는데, 대가(大駕)가 다시 용만(龍灣)으로 옮겨 갔으며, 세자는 강계(江界)에 머물러 있다고 하였다.

二十三日。

得見金瑞老鷗齡[142]書, 則大駕再移龍灣, 世子駐江界云。

했다. 王子師傅에 임명되었으나 부임하지 않았다. 뒤에 司圃가 되고 이어 工曹佐郎·安陰縣監을 지낸 후 모든 벼슬을 사퇴했다.

140 文德粹(문덕수, 1519~1595): 본관은 南平, 자는 景胤, 호는 孤查亭. 효행이 뛰어나 살아서 정려를 받은 합천의 선비이다. 1591년 선정을 베풀지 않던 경상감사 金晬에게 글을 보내 백성을 생각하는 선정을 베풀라고 충고하자, 그에게 미움을 사서 옥에 갇히기도 했다. 임진왜란이 일어나자 김수는 왜적에게 패하여 도망을 가는데, 김면·조종도·박성·李魯 등과 의병을 일으켜 나라를 위기에서 구하려고 했다.

141 漆谷(칠곡): 경상북도 남서부에 위치한 고을. 낙동강의 중류에 있다.

7월 25일.

듣건대 전라도 의병장 고경명(高敬命)이 그의 아들 고인후(高因
厚)와 함께 자신의 도리를 다하여 싸우다가 죽으니 사람들이 모두
탄식하며 애석해 하였다고 하는데, 하물며 나는 뿌리가 같은 일가
붙이의 처지임에랴. 그리하여 곧바로 만시(輓詩) 절구(絶句) 2수를
지었지만, 보내어 위로하려니 더욱 어찌할 바를 모르겠다.

또 듣건대 경상우도의 진주(晉州) 등 다섯 개 군(郡)이 견고한 성
벽을 굳게 지켜서 더욱이 성읍(城邑)까지 보전하고 있다는데, 이는
모두 수군(水軍)이 잘 막은 힘이었다.

二十五日。

聞全羅義將高敬命¹⁴³, 與其子因厚¹⁴⁴, 自靖戰沒, 人皆歎惜,

---

142 瑞老(서로): 〈火旺入城同苦錄〉에 의하면, 金鷗齡(1541~?)의 자, 호는 雙梧.
143 高敬命(고경명, 1533~1592): 본관은 長興, 자는 而順, 호는 苔軒·霽峯. 아버
지는 대사간 高孟英이며, 어머니는 진사 徐傑의 딸이다. 1552년 진사가 되
고, 1558년 식년문과에 장원으로 급제해 成均館典籍에 임명되고, 이어서 공조
좌랑이 되었다. 그 뒤 홍문관의 부수찬·부교리·교리가 되었을 때 仁順王后의
외숙인 이조판서 李樑의 전횡을 논하는 데 참여하고, 그 경위를 이량에게 몰래
알려준 사실이 드러나 울산군수로 좌천된 뒤 파직되었다. 1581년 영암군수로
다시 기용되었으며, 이어서 宗系辨誣奏請使 金繼輝와 함께 書狀官으로 명나
라에 다녀왔다. 이듬해 서산군수로 전임되었는데, 明使遠接使 李珥의 천거로
從事官이 되었으며, 이어서 종부시첨정에 임명되었다. 1590년 承文院判校로
다시 등용되었으며, 이듬해 동래부사가 되었으나 서인이 실각하자 곧 파직되어
고향으로 돌아왔다. 1592년 임진왜란이 일어나 서울이 함락되고 왕이 의주로
파천했다는 소식을 전해들은 그는 각처에서 도망쳐온 官軍을 모았다. 두 아들
高從厚와 高因厚로 하여금 이들을 인솔, 수원에서 왜적과 항전하고 있던 廣州

而況余同根宗親之地乎? 因卽製輓二絶, 付慰尤極罔措。又聞右
道晉州等五郡, 固守堅壁, 尙保城邑[145], 此皆舟師善御之力也。

● 8월

8월 1일。

권의중·권용중과 함께 산골에 들어가 궁수(弓手: 활잡이)를 찾고,
전공(箭工: 화살바치)·야장(冶匠: 대장장이)·장적(粧鏑: 화살촉 다듬이)
·조봉(造鋒: 칼날 다듬이) 등 몇 명이 날짜별로 돌아가며 병장기를

牧使 丁允佑에게 인계하도록 했다. 전라좌도 의병대장에 추대된 그는 종사관
에 柳彭老·安瑛·楊大樸, 募糧有司에 崔尙重·楊士衡·楊希迪을 각각 임명했
다. 그러나 錦山전투에서 패하였는데, 후퇴하여 다시 전세를 가다듬어 후일을
기약하자는 주위의 종용을 뿌리치고 "패전장으로 죽음이 있을 뿐이다."고 하며
물밀듯이 밀려오는 왜적과 대항해 싸우다가 아들 인후와 유팽로·안영 등과 더
불어 순절했다.

144 因厚(인후): 高因厚(1561~1592). 본관은 長興, 자는 善健, 호는 鶴峯. 1592년
임진왜란이 일어나자 전라도관찰사 李洸은 관군을 이끌고 북상, 공주에 이르러
선조가 몽진하였다는 소식을 듣고 군대를 해산, 귀향시켰다. 이때 광주의 향리
에 있으면서 아버지의 명에 따라 이들을 다시 모아 형 고종후와 함께 수원에
留陣하고 있는 丁允佑에게 인계하고 행재소로 가려 하였으나, 길이 막혀 귀향
중에 북상중인 아버지의 의병 본진과 泰仁에서 합류하였다. 의병이 礪山에 이
르러 黃澗·永同의 왜적이 장차 전라도로 침입하려 한다는 정보를 입수하고,
당초의 계획을 변경하여 금산으로 향하였다. 금산에서 방어사 郭嶸의 관군과
합세하여 왜적을 방어하기로 하였으나, 왜적이 침입하자 관군이 먼저 붕괴되
고, 이에 따라 의병마저 무너져 아버지 고경명과 함께 전사하였다.

145 城邑(성읍): 고을. 조선시대에, 州·府·郡·縣 등을 두루 이르던 말이다.

만들어 군용(軍用)에 대비하였는데, 용궁 현감이 보낸 격문을 보았
더니 안동(安東)의 왜적이 좌병사(左兵使: 朴晉)에 의해 내몰려 쫓겨
났다고 하였다.

八月一日。

同權義中·用中入山谷, 搜得弓手, 箭工·冶匠·粧鏑·造鋒人
幾名, 輪日鑄械, 以備軍用, 而得見龍倅通檄, 則安東之賊, 爲左
兵使[146]驅逐焉

8월 7일。

김경제(金經濟)가 찾아와서 말했다.

---

146 左兵使(좌병사): 朴晉(1560~1597)을 가리킴. 본관은 密陽, 자는 明夫. 1589년
沈守慶의 천거로 등용되어 선전관을 거쳐, 1592년에 밀양부사가 되었다. 같은
해 4월에 왜적이 침입해 부산·동래 등이 차례로 함락되는 와중에서 鵲院에서
적을 맞아 싸우다 패해 포위되자, 密陽府를 소각하고 후퇴하였다. 이후 경상좌
도병마절도사로 임명되어 나머지 병사를 수습하고, 군사를 나누어 소규모의 전
투를 수행해 적세를 저지하였다. 같은 해 8월 영천의 민중이 의병을 결성하고
永川城을 근거지로 해 안동과 상응하고 있는 왜적을 격파하려 하자, 별장 權應
銖를 파견, 그들을 지휘하게 하여 영천성을 탈환하였다. 이어서 안강에서 여러
장수들과 회동하고 16개 읍의 병력을 모아 慶州城을 공격했으나 복병의 기습으
로 실패하였다. 그러나 한 달 뒤 군사를 재정비하고 飛擊震天雷를 사용해 경주
성을 다시 공략해 많은 수의 왜적을 베고 성을 탈환하였다. 이 결과 왜적은 상주
나 서생포로 물러나야만 했고, 영남 지역 수십 개의 읍이 적의 침략을 면할 수
있었다. 이와 같은 전공으로 선조로부터 羊皮衣가 특별히 하사되었고, 嘉善大
夫에 올랐다. 1593년에 督捕使로 밀양·울산 등지에서 전과를 올렸다. 1594년
2월에 경상우도병마절도사, 같은 해 10월 순천부사, 이어서 전라도병마절도사,
1596년 11월 황해도병마절도사 겸 황주목사를 지내고 뒤에 참판에 올랐다.

"함창(咸昌)에 사는 찰방(察訪) 권경호(權景虎)가 내한(內翰) 정경
세(鄭經世)와 함께 청주(淸州) 사람인 이봉(李逢)을 대장으로 삼도록
요청하였소이다. 이 사람은 본디 지혜와 용기를 지닌 이로 지금에
서야 모집에 응하여 황령(黃嶺: 상주 칠봉산에 있는 고개)에서 회합하
기 위해 모여 의병 막부(義兵幕府)를 결성했는데, 그곳에 가서 보았
더니 비록 나이는 많지만 저 한(漢)나라 이광(李廣)보다 더욱더 장
한 풍모가 있어 과연 용기와 지략을 갖춘 선비였소이다."

七日。

金經濟[147]來言曰: "咸昌權察訪景虎[148], 與鄭內翰經世[149], 謀要
淸州[150]人李逢[151]爲大將。伊人素有智勇, 今始應募, 來會于黃

---

147 金經濟(김경제, 1555~?): 〈火旺入城同苦錄〉에 의하면, 자는 景悅, 호는 雲溪.

148 權察訪景虎(권찰방경호): 權景虎(1546~1609). 본관은 安東, 자는 從卿, 호는
   晩悟軒. 아버지는 안동부사 權紹이고, 형은 權景龍이다. 保安察訪을 거쳐 임
   진왜란 때 金誠一의 천거로 咸昌 일대의 召募官으로 활동했고, 長城縣監을
   지냈다.

149 鄭內翰經世(정내한경세): 鄭經世(1563~1633). 본관은 晉州, 자는 景任, 호는
   愚伏·一默·荷渠이다. 경북 尙州에서 출생했고, 柳成龍의 문인이다. 1582년
   진사를 거쳐 1586년 謁聖문과에 급제, 승문원 副正字로 등용된 뒤 검열·奉教
   를 거쳐 1589년 賜暇讀書를 하였다. 임진왜란이 일어나자 의병을 일으켜 공을
   세워 修撰이 되고 정언·교리·정랑·司諫에 이어 1598년 경상도·전라도 관찰
   사가 되었다. 광해군 때 鄭仁弘과 반목 끝에 削職되었다. 예론에 밝아서 김장
   생 등과 함께 예학파로 불렸다.

150 淸州(청주): 충청북도 중서부에 위치한 고을.

151 李逢(이봉, 1526~1595): 본관은 漢陽, 자는 子雲. 鄭澈·李恒福·柳成龍 등과
   함께 학문에 힘써 문장가로 이름을 떨쳤다. 1592년 임진왜란 때 趙憲·鄭經世

嶺[152], 結義幕, 往見之, 則雖年高, 惟有李廣[153]益壯之風, 果是勇
略之士也."

8월 10일。

포산(苞山: 달성군의 현풍)의 곽재우(郭再祐) 장군이 군사를 거느리
고 성주(星州)에 도착했는데, 그의 의병진에 참가해주기를 청하는
명이 있어 그날로 군졸을 이끌고 달려갔다.

十日。

苞山郭大將, 領兵到星州, 有招待之命, 卽日曳卒往赴。

등과 의병을 규합, 험준한 요지에 진을 치고 적군의 후방을 교란하여 물리쳤다.
서울이 수복된 뒤 고향으로 내려갔다가 왕명으로 상경하여 1595년 司憲府監察
에 발탁, 이듬해는 沃川郡守와 槐山郡守로 나아가 부호들의 倉穀을 풀어 굶주
리는 백성을 구제하였다. 1597년 정유재란 때에도 관군과 의병을 각 요충지에
배치하여 왜군의 진격을 막은 공으로 당상관에 올랐으나 사퇴하고 고향으로 돌
아가 여생을 보냈다.

152 黃嶺(황령): 경상북도 상주시 은척면 남곡리의 七峯山에 있는 고개.

153 李廣(이광): 중국 漢나라 무장. 활을 잘 쏘고 병사를 아끼어 병사들로부터 칭송
을 받았다. 흉노와의 전쟁에서 큰 공을 세워 몇 년 동안 감히 국경을 침범하지
못하자, 사람들이 飛將軍이라 칭송했다. 일곱 군데 변방 군의 태수를 지냈고,
전후 40여 년 동안 군대를 이끌고 흉노와 대치하면서 70여 차례의 크고 작은
전투를 치렀다. 병사들의 마음을 깊이 얻었지만 끝내 封侯되지는 못했다. 대장
군 衛靑을 따라 흉노를 공격했다가 길을 잃고 문책을 받자 자살했다.

8월 11일。

듣건대 선성(宣城: 예안) 사람 금응훈(琴應壎)과 상주(尙州) 사람 김해(金垓)가 또한 각기 의병을 일으키고 병사를 모집하여 나란히 곽재우(郭再祐) 원수의 휘하에 들어갔다고 하였다.

十一日。

聞宣城[154]人琴應壎[155]·尙州人金垓[156], 亦各起義募兵, 幷附於郭元帥麾下。

8월 12일。

경보(京報)를 보니, 초유사를 경상좌도 감사(慶尙左道監司)에 제수하였고, 저가(邸駕: 왕세자의 수레)가 이천(伊川)에 머물러 있다고

---

154 宣城(선성): 예안의 옛 명칭.

155 琴應壎(금응훈, 1540~1616): 본관은 奉化, 자는 壎之, 호는 進齋. 李滉의 문인이며, 柳成龍·趙穆과 교우하였다. 1570년 사마시에 합격, 1594년 학행에 의하여 좌찬성 鄭 등의 천거를 받아 宗廟署副奉事에 제수되었다. 그 뒤 영춘현감과 제천현감 등을 역임하고 1600년 의흥현감에 제수되었으나, 유성룡과 조목의 요청에 따라 사직하고 《退溪先生文集》 간행실무자로 참여하였다.

156 金垓(김해, 1555~1593): 본관은 光山, 자는 達遠, 호는 近始齋. 1589년 10월 鄭汝立의 모반사건이 일어나고, 11월 史局에서 史草를 태운 사건에 연루되어 면직되었다. 임진왜란이 일어나자 향리 禮安에서 의병을 일으켜 영남의병대장으로 추대되어 안동·군위 등지에서 분전하였다. 이듬해 3월 좌도병마사 權應銖와 합세하여 상주 唐橋의 적을 쳐서 큰 전과를 거두고, 4월 한양에서 부산으로 철수하는 적을 차단하고 공격하여 대승하였으며 5월에는 양산을 거쳐 경주에서 李光輝와 합세하여 싸우다가 진중에서 병사하였다.

하였다.

十二日。

見京報, 則以招諭使, 拜左道監司, 邸駕[157]駐伊川[158]。

8월 14일。

격고문(檄告文) 2통을 지어서 각 도(道)의 사림(士林)들에게 나란
히 달려가서 알렸다.

十四日。

裁檄告文二通, 幷馳告于各道士林。

8월 15일。

성주(星州)에서 승리하고는 우리 고을의 대승사(大乘寺)로 돌아
와 급히 사족(士族) 및 진신(搢紳: 벼슬아치) 40여 명에게 급히 알렸
으며, 궁수(弓手: 활잡이)와 검수(劍手: 검객) 100여 명도 또한 이르렀
다. 공론에 따라 임무를 맡겼는데, 권의중(權義中)을 대장으로, 나
와 동생 고상안(高尙顏)을 치병장(治兵將)으로, 황정간(黃廷幹)·고
인계(高仁繼)·채득강(蔡得綱: 蔡得江의 오기)을 막좌(幕佐: 참모)로,
최대립(崔大立)을 선봉(先鋒)으로, 여춘(余春)을 전향관(典餉官)으로
삼았고, 그 나머지 각각의 인원은 그릇에 따라 일을 맡겼다. 여러

---

157 邸駕(저가): 동궁의 행차.
158 伊川(이천): 강원도 서북부에 위치한 고을.

사람에게 맡길 직책을 알맞게 나누어 정한 후에는 김룡산(金龍山)에 올라가 신위(神位)를 배설하고 그 내용을 고한 뒤 각자 네 번 절하였다. 서쪽을 바라보며 통곡하고는 짐승의 피를 나누어 마시고 맹세하고서 다시 이름을 기록한 책자를 고을수령에게 보내어 관찰사에게 전하기를 부탁하였다.

十五日。

自星州乘捷, 歸到本郡大乘寺[159], 急告士族及縉紳[160]四十餘人, 弓釰之手, 亦至百餘人。差定[161]公議, 以權義中爲大將, 余及舍弟尙顔[162]爲治兵將, 黃廷榦・高仁繼及蔡得綱[163]爲幕佐, 崔大立爲先鋒, 余春爲典餉官, 其餘各員, 隨器任用。爬定[164]之後, 登金龍山[165], 設位告由[166], 各四拜。西望痛哭, 歃血爲盟, 更錄名帖, 送于主倅, 以爲轉報道伯。

---

159 大乘寺(대승사): 경상북도 문경시 산북면 사불산에 있는 사찰.

160 縉紳(진신): 搢紳. 벼슬아치를 통틀어 일컫는 말이다.

161 差定(차정): 임명하여 사무를 맡김.

162 尙顔(상안): 高尙顔(1553~1623). 본관은 開城, 자는 思勿, 호는 泰村. 1576년 문과에 올라 함창현감・풍기군수 등을 지냈다. 1592년 임진왜란이 일어나 왜적이 침입하자, 향리인 상주 함창에서 의병대장으로 추대되어 큰 공을 세웠다. 1601년 이후 지례현감・함양군수를 지냈고, 李德馨・李舜臣 등과의 書事記錄도 남긴 바 있다. 그 뒤 울산판관을 지낸 후, 벼슬을 그만두고 전원생활을 하였다.

163 蔡得綱(채득강): 蔡得江의 오기.

164 爬定(파정): 여러 사람에게 맡길 소임이나 직책을 알맞게 나누어 정함.

165 金龍山(김룡산): 경상북도 문경시 산북면에 있는 산.

166 告由(고유): 중대한 일을 치른 뒤에 그 내용을 사당이나 신명하게 고하는 것.

8월 16일。

의병군의 모든 장수와 군졸이 대승사(大乘寺)에 머무르면서 서로 경계하여 말했다.

"금번 이 거사가 비록 대승을 기약하지 못하고 온몸을 다해 지쳐 쓰러지더라도 죽고 나서야 그만둘 뿐이다."

十六日。

全軍將卒, 留陣大乘寺, 相戒曰: "今番此擧, 雖不期大捷, 鞠躬盡悴[167], 死而後已."

8월 17일。

격문에 대한 고을 수령들의 회답을 애타게 기다리고 있었는데, 듣자니 상산(尙山: 상주)의 사족(士族)들이 크게 의병을 일으켜 이홍민(李弘敏: 金弘敏의 오기)을 의병장으로 뽑았다고 했다. 그리하여 군례(軍禮)에 가서 참석하였더니, 군대의 위용이 거창하고 군율과 명령이 분명하였다. 우리의 의병진과 남쪽과 북쪽에서 서로 의지하는 형세를 만들기로 약속하고 돌아왔다.

十七日。

苦待主倅之回檄, 仍聞商山士族, 大倡義旅, 以李弘敏[168]拜

---

167 鞠躬盡悴(국궁진췌): 몸을 굽혀 힘이 다할 때까지 노력함.

168 李弘敏(이홍민): 金弘敏(1540~1594)의 오기. 본관은 尙州, 자는 任父, 호는 沙潭. 1570년 式年試에 급제하여 한림과 三司를 거쳐 1584년 이조좌랑이 되었

將。故往參軍禮[169], 則軍威盛壯, 律令分明。與我陣, 約爲南北
相依之勢而還。

8월 19일.

격문에 대한 고을수령들의 회신이 도착하였는데, 그 대강은 이
러하다.

"사류(士類: 선비들)가 의병을 일으켜 나랏일에 부지런한 것은 타
고난 본성이자 적개심의 소치인 것에 아님이 없도다. 하늘이 사람
을 낳음에 법도가 있는 법인데, 원수를 갚기 위해 분발하는 시기와
왕실을 다시 일으켜 옛 도읍으로 돌아가는 기회는 바로 지금에 달
려 있으니, 힘을 다하여 적을 무찌르기 위해 대동단결로 군사를
일으키도다."

十九日。

州伯回檄來到, 其略曰: "士類之倡義, 克勤[170]王事, 莫非秉彝
之性, 敵慨之致。天生蒸民有則[171], 臥薪嘗膽[172]之秋, 興復舊

고, 삼사와 함께 李珥와 朴淳을 탄핵하였다. 그 후 舍人을 거쳐 1590년 典翰에
임명되었다. 1592년 임진왜란 때는 의병을 모아 忠報軍이라 칭하고 상주에서
적의 통로를 막아 왜적이 호서지역으로 돌아서 가게 했다.

169 軍禮(군례): 군대에서 행하는 예식.

170 克勤(극근): 부지런함. 《書經》〈大禹謨〉에서, 舜임금이 禹에게 "나랏일에 부지
런하고 집에 검소하여 자만하고 자대하지 않음은 너의 어짊이다.(克勤于邦, 克
儉于家, 不自滿假, 惟汝賢。)"라고 하였다.

171 天生蒸民有則(천생증민유칙): 《詩經》〈大雅·蒸民〉의 "하늘이 사람을 낼 적에,

都¹⁷³之機, 正在今日, 竭力剿賊, 大同發兵."云。

8월 20일。

함령(咸寧: 咸昌) 현감(縣監: 李國弼)이 순찰사(巡察使: 韓孝純)에게 거짓 보고하여 말했다.

"이봉(李逢) 등이 나이 어린 서생들을 거느리고 의병을 일으킨 것으로 거짓 꾸며대고는 관군들이 잡은 왜놈들을 자신의 전공(戰功)으로 삼고 현감으로 하여금 손도 놀리지 못하게 하였소이다."

이렇게 들리는 말에 매우 원통하고 분하였다. 곧이어 듣건대 순찰사의 회답에 의하면 수령이 의병 모집에 대해 막는 것을 일절 불허하며 "오직 우리 동포들 모두가 충성을 다하여 적을 토벌하는 것은 균등하니 관의 위세로 주거나 빼앗아서는 안 된다."고 했다니, 통쾌하고 통쾌하였다.

二十日。

모두 법도가 있게 하였도다. 그래서 사람들이 양심을 지녀서, 이와 같이 아름다운 덕을 좋아하는 것이다.(天生蒸民, 有物有則. 民之秉彝, 好是懿德.)"에서 나오는 말.

172 臥薪嘗膽(와신상담): 섶에 눕고 쓸개를 씹는다는 뜻으로, 원수를 갚으려고 온갖 괴로움을 참고 견딤을 이르는 말.

173 興復舊都(흥복구도): 諸葛亮의 〈前出師表〉에서 "노둔한 재주를 다하여 간흉을 없애고 한나라 왕실을 다시 일으키며 옛 도읍으로 돌아가는 것이 신이 선제께 보답하는 것이며 폐하께 충성하는 직분입니다.(庶竭駑鈍, 攘除姦凶, 興復漢室, 還于舊都, 此臣所以報先帝, 而忠陛下之職分也.)"고 한 것을 활용한 말.

咸寧[174]倅, 誣報巡使[175]曰: "李逢等, 率年少諸生, 冒稱擧義, 以官軍所捕倭奴, 爲自己功, 而使縣監不得措手."云, 聞甚痛憤矣。 卽聞巡使回題[176]內, 守令之防遏募兵者, 一切不許, 曰: "唯我同胞, 均是竭忠討賊, 不可以官威與奪云." 快哉快哉!

8월 22일。

대장(大將: 권의중)의 명으로 복병(伏兵)을 동쪽과 서쪽으로 나누어 보내 용궁(龍宮)과 예천(醴泉)으로 올라오는 적을 막게 하고, 또 상주(尙州)와 함창(咸昌) 주위에서 약탈하는 왜적을 엿보게 하였다.

二十二日。

---

174 咸寧(함령): 咸昌의 옛 명칭.

175 巡使(순사): 巡察使 韓孝純(1543~1621)을 가리킴. 본관은 淸州, 자는 勉叔, 호는 月灘. 1576년 식년문과 급제, 검열·수찬을 거쳐 1584년 寧海府使에 임명되었다. 1592년 임진왜란이 일어나자 8월 영해에서 왜군을 격파하고 경상좌도 관찰사에 승진, 순찰사를 겸임해 동해안 지역을 방비하며 군량조달에 공을 세웠다. 1594년 병조참판, 1596년 경상도·전라도·충청도의 體察副使가 되었다. 그 해 閑山島武科에 試官으로 참여하고, 통제사 李舜臣과 함께 수군강화에 힘썼다. 그 뒤 지중추부사가 되었다가 남해 지역의 도순찰사로 해상군비강화에 계속 노력하였다. 1598년 전라도관찰사로서 병마수군절도사를 겸하였다. 이듬해 전라좌수사 이순신 막하의 戰船監造軍官으로 있으면서 거북선 건조에 공이 많았던 羅大用의 건의를 받아들여 거북선 모양의 소형 무장선인 鎗船 25척을 건조하도록 하였다. 1604년 이조판서에 이르렀다. 다음해 평안도관찰사·판중추부사 등을 거쳐, 1606년 우찬성·판돈녕부사 등을 역임하였다. 1610년 다시 이조판서를 역임한 뒤, 1616년 우의정을 거쳐 좌의정에 올랐다.

176 回題(회제): 아뢴 내용에 대한 회답.

以大將命, 分遣伏兵於東西, 以防龍醴上來之賊, 又覘尙咸旁
抄之倭。

8월 28일。

지례(知禮: 김천)의 왜적이 의병들에게 공격을 받아 사상자가 셀
수 없었지만 감히 대적하지 못한 채 궤멸되어 흩어졌다고 하였다.
병장기와 군량을 각각의 진영으로 나누어 보내고 또 곳에 따라 복
병을 두었다.

二十八日。

知禮[177]之倭, 爲義所擊, 死傷無數, 不敢抵敵, 潰散云。分遣
軍機·糧餉於各營, 又設伏所。

● 9월

9월 1일。

방금 듣건대 의병장 김면(金沔)과 곽재우(郭再祐)가 각기 대군을
거느리고 성주(星州)에 머물러 있는 적을 함께 토벌했지만, 곽재우
장군이 군사를 부리어 싸움하는 방법에 왜놈들은 간담이 서늘해지
고 벌벌 떨었다고 하였다. 때문에 군사가 나가서 다시 임하면 과연

---

177 知禮(지례): 경상북도 김천 지역의 옛 지명.

적실한 소문임을 알 수 있었다. 공격하는 것을 3일 동안 돕다가
돌아왔다.

九月一日。

卽聞義將金沔·郭再祐, 各領大軍, 共討星州留賊, 而郭將用
兵之法, 賊奴膽落身栗云。故治兵¹⁷⁸再臨, 則果是的傳也。助擊
三日而還。

9월 4일。

동쪽에 두었던 복병(伏兵)들로부터 온 전언통신문은 이러하였다.

"적진이 용궁(龍宮)에 이르러 약탈하는데 때를 가리지 않고 있습
니다."

그리하여 군사를 거느리고 적을 습격해 훤평(暄坪)의 들판 밖으
로까지 크게 내몰았다.

四日。

自左伏中傳通曰: "賊陣到龍宮, 抄掠無常。"云。故率兵襲擊,
大逐于暄坪¹⁷⁹之野外。

9월 11일。

삼가 교서(敎書)를 보니, 경상도의 선비와 백성들에게 내려 깨우

---

178 治兵(치병): 병정이 출동함. 군사가 나가는 것을 말한다.
179 暄坪(훤평): 경상북도 용궁면 금남리에 있던 들판.

치는 칙서였는데도 임금이 자신을 돌아보고 스스로 책망하는 말뜻
이 간절하여 감격해 목메어 울 따름이었다. 저궁(邸宮: 왕세자)의 교
서도 그 취지나 뜻이 동일하였다.

十一日。

伏見教書, 則諭下慶尙道士民者, 而反躬自責, 辭旨懇惻, 感
泣無地。邸宮[180]教書, 旨義同轍[181]也。

영순면(永順面)

---

180 邸宮(저궁): 왕세자나 세자궁을 이르는 말.

181 同轍(동철): 간격이 같은 두 수레바퀴 자국이란 뜻으로, 같은 길을 이르는 말.
    여기서는 뜻이 동일하다는 의미이다.

9월 12일.

서쪽에 두었던 복병(伏兵)들로부터 온 전언통신문에 이르기를, "당교(唐橋)에 주둔한 왜적들이 머지않아 영순(永順: 문경에 속한 고을)을 침범할 것이다."고 했기 때문에 습격하여 영강(穎江) 가에서 대파하고 그들의 환도(環刀)·철환(鐵丸: 탄알)·기계(機械: 병장기)를 탈취해 돌아와서는 말 달려 고을수령에게 보고하였다. 관아에서 양식 50석을 주었는데, 전향관(典餉官: 余春)으로 하여금 부대에 나누어 주게 하였다.

十二日。

右伏中傳言: "唐橋屯倭, 未久犯永順[182]." 故襲擊大破於穎江[183]之下, 奪其環刀[184]·鐵丸·機械而歸, 馳報主倅。自官給糧五十石, 使典餉官班給於部隊。

9월 24일.

간접으로 소문을 듣건대 전라도 의병장 조헌(趙憲)이 금산(錦山) 전투에서 대패하여 진중(陣中)에서 죽고, 병졸 1천여 명과 800명의 의사(義士)도 모두 죽고, 그의 아들 조완기(趙完基)는 색깔 있는 관

---

182 永順(영순): 경상북도 聞慶郡에 속한 縣.

183 穎江(영강): 경상북도 상주시의 화북면 장암리·중벌리에서 발원하여 사벌면 퇴강리에서 낙동강에 유입하는 하천. 동쪽으로 흐르며 양산천, 조령천, 가도천, 이안천을 합류한다.

184 環刀(환도): 고리를 사용하여 패용하였던 刀劍.

복을 입고서 적의 칼날을 무릅쓰고 곧장 싸움터로 들어가 아버지의
시신 곁에서 죽자, 사람들이 모두들 탄식하여 애석해 마지않았다
는 것이다. 나 역시 만사(輓詞)를 지어 위문하였다.

二十四日。

轉聞全羅義將趙憲[185], 大敗於錦山之戰[186], 死於陣中, 兵卒千

---

185 趙憲(조헌, 1544~1592): 본관은 배천(白川), 자는 汝式, 호는 重峯·陶原·後
栗, 시호는 文烈. 李珥·成渾의 문인이다. 1567년 式年文科에 급제하고, 호조
와 예조의 좌랑·감찰을 거쳐 通津縣監으로 濫刑한다는 탄핵을 받고 富平에
유배되었다. 1581년 공조좌랑에 등용되어 全羅道都事·宗廟署令을 거쳐 1582
년 報恩縣監으로 나갔다. 1586년 공주제독관이 되어 동인이 이이·성혼을 追罪
하려는 것을 반대하고 고향에 내려가 임지를 이탈한 죄로 파직 당하였다. 1589
년 동인을 공박하다가 길주에 귀양 가고, 그해 鄭汝立 모반사건이 일어나 동인
이 실각하자 풀려났다. 임진왜란이 일어나자 沃川에서 의병을 일으켜 1,700여
명을 모아 靈圭 등 승병과 합세하여 청주를 탈환하였다. 이어 전라도로 향하는
왜군을 막기 위해 錦山으로 향했으나, 전공을 시기하는 관군의 방해로 의병이
대부분 해산되고, 700명의 의병으로 금산전투에서 분전하다가 의병들과 함께
모두 전사하였다.

186 錦山之戰(금산지전): 임진왜란 때인 1592년 7월부터 8월 사이에 의병장 高敬
命·趙憲이 거느린 의병이 왜군과 금산에서 싸운 두 차례의 전투. 승병장 靈圭
가 거느린 승군과 합세해 8월 1일 청주성을 수복한 조헌의 의병은 勤王을 결의
하고, 북행길에 올랐다. 충청도 아산에 이르렀을 때, 충청도순찰사 尹國馨의
권유로, 때마침 금산을 점거하고 이어 호남지방을 침범하려는 고바야카와(小早
隆景)의 왜군을 무찌르기 위해 공주로 돌아왔다. 그러나 순찰사는 조헌의 전공
을 시기해 직권으로 의병의 부모와 처자를 잡아 가두는 등 갖은 수단으로 방해
하였다. 이에 의병은 뿔뿔이 흩어지고 다만 700명 정도 義士만이 끝까지 남아
생사를 같이하기를 원했다. 이보다 앞서 전라도 의병장 高敬命은 금산에서 전
사하고, 南平縣監 韓楯의 군사 500명도 패퇴, 전사하였다. 8월 16일에 조헌은
할 수 없이 남은 의병을 이끌고 금산으로 떠났다. 이때 별장 李山謙이 수백

餘名, 八百義士俱沒, 其子完基[187], 以色服[188], 冒刀卽入, 死於父
屍之傍, 人皆歎惜不已。余亦製輓付慰。

9월 28일.

서로(瑞老) 김언령(金鷗齡)의 편지를 보니, 김면(金沔)·곽재우(郭

명의 군사를 거느리고 금산에서 패배해 후퇴해오면서 "왜군은 정예대군이라 鳥
合之衆으로는 대적할 수 없다"고 했다. 그러나 조헌은 "국왕이 당하는 판에 신
하가 어찌 목숨을 아끼랴" 하면서 그의 만류를 거절하였다. 또, 전라도관찰사
權慄과 공주목사 許頊도 조헌의 위험을 무릅쓴 전투를 말리면서 기일을 정해
함께 협공하자고 제의하였다. 그러나 조헌은 오히려 그들의 머뭇거림을 분하게
여기며 700명만을 거느리고 고개를 넘었다. 조헌은 승병장 영규에게 글을 보내
다시 승군과 합세해서 8월 18일 새벽 진군해서 금산성 밖 10리 지점에 진을
치고 관군의 지원을 기다렸다. 한편, 성내의 왜군은 우리 군사의 후속 부대가
없는 것을 정탐하고는 복병을 내어 퇴로를 막은 다음, 모든 군사를 나누어 교대
로 공격해왔다. 조헌은 명령을 내려 "한 번의 죽음이 있을 뿐 '義'에 부끄럼이
없게 하라." 하고 힘껏 싸워 왜군의 세 차례 공격을 모두 물리쳤으나, 온종일의
싸움에 화살이 다 떨어져 더 싸울 수가 없었다. 왜군이 일제공격을 감행해 장막
안으로 돌입하니 의병은 육박전을 벌여 한 명의 도망자도 없이 모두 순절했고,
영규의 승군도 모두 전사하였다.

187 完基(완기): 趙完基(1570~1592). 본관은 배천(白川), 자는 德恭, 호는 道谷.
1592년 임진왜란이 일어나자, 충청도 옥천에서 의병을 일으킨 아버지를 따라
종군하였다. 아버지의 지극한 만류에도 듣지 않고 항상 그 곁을 떠나지 않았다.
청주에서 승병장 靈圭의 군사와 합세하여 적을 크게 무찔렀다. 많은 공을 세웠
으나 錦山의 적을 공격하다가 적의 역습을 받아 전세가 불리해지자 관복으로
갈아입고 아버지와 함께 끝까지 싸우다가 순사하였다.

188 色服(색복): 冠服. 趙完基는 금산전투에서 패하게 되자 일부러 색깔 있는 관복
을 입었는데, 아버지를 대신하여 죽고자 한 것으로 적들은 그를 主將으로 오인
하여 그 시체를 찢었다고 한다.

再祐)가 군사를 거느리고 적을 격파했는데, 곽재우 장군의 군사 부
리는 법이 더욱 신기했기 때문에 군대를 부리는 그의 지휘 아래로
나아가기를 원하는 자가 수만 명이었고, 군량 조달과 무기는 관아
에서 변통하여 준비해두었던 것을 내어 주자 의병군의 기세가 크게
떨쳤다고 하였다. 나도 또한 마음과 힘을 다하여 공격하는 것을
도왔다.

　二十八日。

　見金瑞老書, 則金沔‧郭再祐, 掌兵破賊, 而郭將用兵尤神, 故
麾下用兵之下, 願赴者數萬人, 饋餉與軍器, 自官辦備出給, 軍
聲大振。余亦從事[189]助擊[190]。

9월 30일。

　편지를 써서 곽재우 원수(元帥)에게 올려 적과 싸울 방법과 계략
세워주기를 청하였는데, 이로부터 같은 소리는 서로 응대하듯 서
로 통하게 되었으니, 의병을 통솔하는 것이 대부분 이에 힘입어
대략이라도 바로잡혔다.

　三十日。

　作書上郭元帥, 請劃方略, 自此同聲相應[191], 指揮多賴略正。

---

189 從事(종사): 어떤 일에 마음과 힘을 다함.

190 高尙曾은 〈火旺入城同苦錄〉에 나옴.

191 同聲相應(동성상응): 같은 소리는 서로 응대함. 의견을 같이하면 자연히 서로

● 10월

10월 1일.

내한(內翰) 정경세(鄭經世)가 우리 상주(尙州) 소모관(召募官)이
되어 격문(檄文)을 내려 보내, 우리 의병군의 중위장(中衛將) 권용중
(權用中)을 향병대장(鄕兵大將)으로 임명하였다. 이는 전날 적을 토
벌하면서 사로잡거나 베어 죽인 수급(首級)을 상주 목사(尙州牧使:
金澥)에게 바친 까닭에 지혜와 용기를 깊이 알았고 게다가 초유사
(招諭使: 김성일)가 천거한 장계가 있어서 특별히 내금위장(內禁衛
將)에 가자(加資: 품계를 올려줌)되었었는데, 다시 청하여 향병대장
이 된 것이다.

十月一日。

鄭內翰經世, 爲本州召募官, 檄文來到, 以我軍權中衛, 拜鄕
兵大將。此是前日討賊, 捕斬首級, 納于州牧, 故深知智勇, 且
有招諭使之薦啓, 特加內禁衛將[192], 而復請爲鄕兵將。

10월 16일.

대장(大將: 권의중)이 상주(尙州)로 가게 되자, 나는 치병장(治兵
將)으로서 활과 칼을 쓰는 장정 50여 명을 이끌고 함께 가며 행차를

통하여 친해진다는 말이다.

192 內禁衛將(내금위장): 조선시대 궁궐 수비와 임금의 신변 보호를 담당했던 內禁
衛의 최고 우두머리 장수.

도왔다.

十六日。

大將作尙州之行, 余以治兵將, 將率弓釖丁五十餘人, 偕往
助行。

10월 17일。

장차 상산(商山: 상주)에서 숙영(宿營)하는데, 밤이 깊었을 때 왜
적이 성을 넘어 곧바로 군영(軍營)에 들이닥치니 깜짝 놀라 크게
소리 지르며 퇴각했다가 다음날에서야 남장사(南長寺)에 이르렀다.
의병장 김해(金垓)가 향병장으로서 추월촌(秋月村)으로 물러나 기
다리기만 하고 진격하지 않았다. 그리하여 그를 교체하여 임용하
려고 대신 내가 뽑혔다.

十七日。

將宿商山, 夜深賊倭踰城, 卽入軍門, 驚駭大聲退却, 翌日抵
南長寺[193]。義將金垓, 以鄕兵將, 退待秋月村[194], 不進。故替任
代選也。

10월 18일。

북장산(北長山) 아래에 이르자, 김광복(金光復: 金光輻의 오기)·김

---

193 南長寺(남장사): 경상북도 상주시 南長洞의 露岳山에 있는 절.

194 秋月村(추월촌): 경상북도 안동부에 속한 마을.

각(金覺)이 함께 상주 목사(尙州牧使: 金澥)를 용화사(龍華寺)에서 만나 말했다.

"성문(城門)은 지키지 않을 수 없고, 기계(機械: 機略) 또한 엄밀하지 않을 수 없소이다."

상주 목사는 그리하겠다고 할 따름이었다. 이때 가판관(假判官: 임시판관) 정기룡(鄭起龍) 또한 같이 갔으니, 아마도 지난날(4월 25일) 북천(北川)의 전투에서 상주성 주장(主將) 권길(權吉)이 죽자 돌격장(突擊將) 정기룡을 가판관으로 삼았던 것이다. 여러 대장들과 함께 적을 무찌를 계책으로서 매복을 나누어 설치하고 약속 날짜에 대규모로 공격하는 것을 합의하고 끝났다.

돌아오는 길에 약탈하는 왜적을 합동으로 공격해 300여 명을 참획하고서 향병의진(鄕兵義陣)을 낙서(洛西)의 마을에 머무르게 하였다. 이때 남문 밖의 성협(成浹: 成覽)도 또한 의병을 일으키려고 도모하고서 대장(大將: 권의중)을 찾아와 만나고는 휘하에서 함께하기를 원하여 허락하였다.

十八日。

至北長山[195]下, 同金光復[196]·金覺[197], 見州伯於龍華寺[198]言:

---

195 北長山(북장산): 경상북도 상주목의 서쪽에 있는 산. 지금의 경상북도 상주시 내서면에 위치해 있다.

196 金光復(김광복): 金光輔(생몰년 미상)의 오기. 본관은 尙山. 忠順衛이었는데 1592년 임진왜란이 일어나자 尙州에서 종제 金光斗와 함께 창의하여 靑里 전투에 참전했다가 순절하였다.

"城門不可不守, 機械¹⁹⁹亦不可不嚴也." 州伯唯維而已。時假判
官鄭起龍²⁰⁰, 亦往焉, 盖前日北川之戰²⁰¹, 城主權吉死之, 鄭突擊

---

197 金覺(김각, 1536~1610): 본관은 永同, 자는 景惺, 호는 石川. 1567년 진사시
　　에 합격하였다 1592년 임진왜란이 일어나자 상주에서 정경세와 이준과 함께
　　의병을 일으켜 적을 다수 참획하는 전과를 올렸다 그 공으로 司醞署主簿를 제
　　수되었고, 1596년 왜적이 용궁현을 유린하자 조정에서는 용궁현감을 제수하였
　　다 1604년 穩城判官을 지냈다.

198 龍華寺(용화사): 경상북도 상주시 咸昌邑 曾村里에 있는 절.

199 機械(기계): 機略. 상황에 알맞게 문제를 잘 찾아내고 그 해결책을 재치 있게
　　처리할 수 있는 슬기나 지혜.

200 鄭起龍(정기룡, 1562~1622): 본관은 晉州, 자는 景雲, 호는 梅軒. 초명은 茂
　　壽이고, 출신지는 경상남도 河東이다. 1586년 무과에 급제한 뒤 왕명에 따라
　　기룡으로 이름을 고쳤다. 1590년 경상우도 병마절도사 申砬의 휘하에 들어가
　　고 다음해 훈련원봉사가 되었다. 1592년 임진왜란이 일어나자 별장으로 승진해
　　경상우도방어사 趙儆의 휘하에서 종군하면서 방어의 계책을 제시하였다. 또한
　　거창싸움에서 왜군 500여명을 격파하고, 金山싸움에서 포로가 된 조경을 구출
　　했고, 곤양 守城將이 되어 왜군의 호남 진출을 막았다. 이어 游兵別將을 지내
　　고, 상주목사 金澥의 요청으로 상주판관이 되어 왜군과 대치, 격전 끝에 물리치
　　고 상주성을 탈환하였다. 1593년 전공으로 회령부사에 승진하고, 이듬해 상주
　　목사가 되었다. 1597년 정유재란 때에는 討倭大將으로서 고령에서 왜군을 대
　　파하고, 적장을 생포하는 등 큰 전과를 올렸다. 이어 성주·합천·초계·의령 등
　　여러 성을 탈환하고 절충장군으로 경상우도병마절도사에 승진해 경주·울산을
　　수복하였다. 1598년 명나라 군대의 摠兵직을 대행해 경상도 방면에 있던 왜군
　　의 잔적을 소탕해 龍驤衛副護軍에 오르고, 이듬해 다시 경상우도병마절도사가
　　되었다. 1601년 임진왜란이 끝난 뒤 다시 경상도방어사로 나가 다시 침입해올
　　지 모르는 왜군에 대처했고, 다음해 김해부사·밀양부사·中道防禦使를 역임하
　　였다.

201 北川之戰(북천지전): 尙州의 北川에서 1592년 4월 25일에 관군 60명 및 민병
　　8백 명이 왜군 1만 5천 명과 격전을 벌였으나 중과부적으로 모두 전사한 전투.
　　그해 가을 宣祖가 적에게 귀부함이 없이 장렬히 전사한 것에 감동하여 상주

爲假判官也。與諸大將, 合議破賊之計, 分設伏所, 約日大攻而退。歸路合攻抄掠之倭, 斬獲三百餘級, 留陣鄕兵於洛西²⁰²村。是時, 南門外成浹²⁰³, 亦謀擧義, 來見大將, 願同麾下, 乃許之。

● 11월

11월 1일。

당교(唐橋)에 주둔하던 왜적이 용궁(龍宮)의 천덕원(天德院)과 예천(醴泉)의 유천(柳川)에 난입하였다가 산양(山陽) 길을 지날 적에 아군의 명성을 듣고서 밤을 새워 도피하였다는 것을 그들이 지나간 뒤에야 비로소 알게 되어 뒤쫓아서 쳐부수지 못한 것이 한스러웠다.

十一月一日。

唐橋屯倭, 攔入龍宮天德院²⁰⁴·醴泉柳川²⁰⁵, 路經山陽, 而聞我軍風聲, 罔夜逃避, 過去後始知, 恨不追及擊碎也。

창의사들에게 모두 復戶하였다.

202 洛西(낙서): 경상북도 상주시 낙서면.

203 成浹(성협, 1556~1620): 成覽의 초명. 본관은 昌寧, 자는 士悅, 호는 聽竹. 효릉참봉, 공조좌랑, 무주현감 등을 지냈다. 임진왜란 후에는 처가인 상주에 거처하면서 趙翊·鄭經世·李埈 등과 교유하였다.

204 天德院(천덕원): 경상북도 예천군 용궁현 동쪽 7리에 위치한 천덕산에 있던 驛院.

205 柳川(유천): 경상북도 예천군 유천면. 동쪽은 예천읍과 용문면, 남쪽은 개포면, 서쪽은 개포면과 문경시 산북면, 북쪽은 용문면과 문경시 동로면에 닿고 있다.

11월 7일。

행재소의 소식을 들으니, 명나라 군사 5천 명이 이미 의주(義州)의 순안관(順安館: 義順館의 오기)에 도착했고 게다가 복건성(福建省) 출신 포수(炮手) 3천 명이 또한 의주성 안으로 들어와서 장차 공주(公州)로 향해 가려한다고 하였다. 김천일(金千鎰: 李鎰의 오기)이 충주(忠州)에서 패배하고 전전하다 평양(平壤)에 이르렀는데, 평양이 또 함락되려 하자 그 지역의 사인(士人) 고충경(高忠卿)과 함께 힘을 합쳐 의병 수천 명을 모아서 적을 토벌하거나 베어죽인 자들이 무수하다고 하였다.

七日。

得聞行在信息, 則唐兵五千, 已到義州順安館[206], 且福建[207]炮手三千名, 亦入義州城內, 將向公州[208]云。金千鎰[209]敗於忠州,

---

206 順安館(순안관): 義順館의 오기. 의순관은 의주성에서 남쪽으로 2리 떨어진 압록강 가에 있었고 조선 조정에서 파견한 접반사가 중국 사신을 맞이하고 배웅하던 객관이며, 순안관은 평안남도 평양의 普通門을 지나 있던 객관이다.

207 福建(복건): 福建省. 중국 동남부에 있는 省. 대만 해협에 면해 있으며, 대부분이 산악지대로 이루어져 있다.

208 公州(공주): 충청남도 동부 중앙에 위치한 고을.

209 金千鎰(김천일, 1537~1593): 본관은 彦陽, 자는 士重, 호는 健齋·克念堂. 1578년 任實縣監을 지냈다. 임진왜란 때 나주에 있다가 高敬命·朴光玉·崔慶會 등에게 글을 보내 倡義起兵할 것을 제의하는 한편, 담양에서 고경명 등과도 협의하였다. 그 뒤 나주에서 宋濟民·梁山璹·朴懽 등과 함께 의병의 기치를 들고 의병 300명을 모아 북쪽으로 출병하였다. 한편, 공주에서 趙憲과 호서지방 의병에 관해 협의하고는 곧 수원에 도착하였다. 북상할 때 수원의 연도에서

스스로 의병에 참가한 자와 또 호서방면에서 모집한 숫자가 크게 늘어나자 군세
는 사기를 떨쳤다. 수원의 禿城山城을 거점으로 본격적인 군사 활동을 전개,
유격전으로 개가를 올렸다. 특히, 金嶺戰鬪에서는 일시에 적 15명을 참살하고
많은 전리품을 노획하는 대전과를 올렸다. 8월 전라병사에 崔遠의 관군과 함께
강화도로 진을 옮겼다. 이 무렵 조정으로부터 倡義使라는 軍號를 받고 掌禮院
判決事에 임명되었다. 강화도에 진을 옮긴 뒤 강화부사·전라병사와 협력해 연
안에 防柵을 쌓고 병선을 수리해 전투태세를 재정비하였다. 강화도는 당시 조
정의 명령을 호남·호서에 전달할 수 있는 전략상의 요충지였다. 9월에는 通川
·陽川 지구의 의병까지 지휘했고 매일같이 강화 연안의 적군을 공격했으며,
양천·김포 등지의 왜군을 패주시켰다. 한편, 전라병사·경기수사·충청병사, 秋
義兵將 禹性傳 등의 관군 및 의병과 합세해 楊花渡戰鬪에서 대승을 거두었다.
또한, 일본군의 圓陵 도굴 행위도 막아 이를 봉위하기도 하였다. 다음해인 1593
년 정월 명나라 군대가 평양을 수복, 개성으로 진격할 때 이들의 작전을 도왔으
며, 명·일간에 강화가 제기되자 반대 운동을 전개하였다. 서울이 수복되어 굶
주리는 자가 속출하자 배로 쌀 1,000석을 공급해 구휼하였다. 전투에서도 경기
수사·충청수사와 함께 仙遊峯 및 沙峴戰鬪에서 다수의 적을 참살, 생포하고
2월에는 權慄의 행주산성 전투에 강화도로부터 출진해 참가하였다. 이들 의병
은 강화도를 중심으로 장기간의 전투에서 400여 명의 적을 참살하는 전공을
세웠다. 1593년 4월 왜군이 서울에서 철수하자 이를 추격, 상주를 거쳐 함안에
이르렀다. 이 때 명·일강화가 추진 중인데도 불구하고 남하한 적군의 주력은
경상도 밀양 부근에 집결, 동래·김해 등지의 군사와 합세해 1차 진주싸움의
패배를 설욕하기 위한 진주성 공격을 서두르고 있었다. 이에 6월 14일 300명의
의병을 이끌고 입성하자 여기에 다시 관군과 의병이 모여들었다. 합세한 관군
·의병의 주장인 都節制가 되어 항전 태세를 갖추었다. 10만에 가까운 적의 대
군이 6월 21일부터 29일까지 대공세를 감행하자 아군은 중과부적임에도 분전
했으나 끝내 함락되고 말았다. 이에 아들 金象乾과 함께 촉석루에서 南江에
몸을 던져 순사하였다.
　그러나 원전의 내용을 살폈을 때는 李鎰의 착종이다. 1592년 11월 초순에
벌어진 林原坪의 전투를 전해들은 것이기 때문이다. 이일이 처음에는 대동강
여울을 지키다가 평양이 함락되자 강을 건너 남쪽 황해도로 들어가, 安岳을
통해 海州로 갔다. 또 해주에서 강원도 伊川으로 가서 世子와 함께 병사 수백

轉至平壤, 平壤又陷, 與本土人高忠卿[210], 合力募兵數千人, 討
賊斬級無數云。

11월 9일。

양주 목사(楊州牧使) 고언백(高彦伯)이 관군을 통솔하여 왜적을
매우 많이 베었고, 끝내 도성이 회복되었다. 고산 현감(高山縣監:
申景禧)이 승군(僧軍)을 모집하여 익주(益州: 익산)를 향해 갔다.

九日。

楊州[211]牧使高彦伯,[212] 統率官軍, 斬獲甚多, 而竟復都城。高
山[213]倅[214], 募僧軍, 向益州[215]而去。

명을 모집하였다. 일본군이 평양에서 오랫동안 나오지 않고, 명나라 지원군이
곧 도착한다는 소식을 듣고는 마침내 평양으로 돌아왔다. 평양에서 동북쪽으로
10여 리 떨어진 林原坪에 진을 치고, 의병장 高忠卿 등과 힘을 합하여 베어
죽이거나 잡아들인 일본군이 제법 있었다.

210 高忠卿(고충경, 생몰년 미상): 未詳.

211 楊州(양주): 경기도 중북부에 위치한 고을.

212 高彦伯(고언백, ?~1609): 본관은 濟州, 자는 國弼. 임진왜란이 일어나자 寧遠
郡守로서 대동강 등지에서 적을 방어하다가 패하였으나, 그해 7월 양주목사에
제수되었다. 그리하여 9월 왜병을 산간으로 유인하여 62명의 목을 베는 승리를
거두었고, 이어 1593년 양주에서 왜병 42명을 참살하였다. 利川에서 적군을
격파하고 京畿道防禦使가 되어 내원한 명나라 군사를 도와 서울 탈환에 공을
세웠고, 이어 경상좌도 병마절도사로 승진하여 양주·울산 등지에서 전공을 세
웠다. 1597년 정유재란 때 다시 경기도방어사가 되어 참전하였다. 1609년 광해
군이 임해군을 제거할 때 함께 살해되었다.

213 高山(고산): 전라북도 완주와 충청남도 논산 지역의 옛 지명.

11월 17일。

듣건대 동궁 저하(東宮邸下: 광해군)가 성천(成川)에서 숙천(肅川)
으로 옮겨 머물다가 또 다른 곳을 향했다고 하였다.

十七日。

聞東宮邸下，自成川²¹⁶移駐肅川²¹⁷，又向他所云。

---

214 高山倅(고산쉬): 申景禧(?~1615)를 가리키는 듯. 본관은 平山. 申礇의 아들,
  申砬의 조카. 1588년 蔭補로 임관되었다. 이듬해 鄭汝立의 옥사가 일어나자
  그 일당인 宣弘福을 붙잡은 공로로 6품직에 발탁되어 1591년 濟用監主簿가
  되었다. 1593년 고산현감으로 도원수 權慄의 휘하에 종군하여 공을 세우고 같
  은 해 행주산성의 大捷報를 제일 먼저 왕에게 보고하였으며, 면천군수와 중화
  부사 등을 역임하였다. 1605년 재령군수로 재직 중 순변사 李鎰의 종사관 尹暹
  을 사칭하며 도당을 모아 횡행하던 尹世沈을 붙잡아 중앙에 보고할 때 공명심
  으로 狀啓를 날조한 사실이 발각되어 삭직되고 門外黜送(사대문 밖으로 쫓겨
  남)의 처벌을 받았다. 뒤에 용서되어 1611년 수안군수에 등용되었으나, 1615년
  楊時遇·金廷益·蘇文震 등과 반역을 모의하여 綾昌君 李佺을 추대하려 하였
  다는 무고로 杖殺되었다.
    그런데《澤堂先生別集》권7〈全羅道都巡察使李公行狀〉에 의하면, 고산현
  감 신경희가 권세가의 자제로서 탐학하게 굴며 불법을 자행하자, 李洸이 몇
  차례나 추궁하며 바로잡으려고 노력하였으나 개전의 정을 보이지 않았고, 임진
  왜란이 일어나자 또 軍令을 받들지 않고 參禮察訪 尹趌과 결탁하여 간악한
  일을 저지르면서 하루에 50여 명을 제멋대로 죽이는 일까지 자행하였다고 언급
  하였다. 따라서 신경희는 임진왜란 전 고산현감에게 제수되었음을 알 수 있다.
215 益州(익주): 益山. 전라북도 북서부에 위치한 고을. 서쪽으로 군산시와 접하고,
  북쪽으로는 금강을 경계로 충남 부여군과 논산시와 경계한다. 동쪽은 완주군,
  남쪽으로는 만경강을 경계로 김제시와 전주시에 접한다.
216 成川(성천): 평안남도 동남부에 위치한 고을.
217 肅川(숙천): 평안남도 서부에 위치한 고을.

11월 26일。

눈이 많이 내려 깊이가 한 자나 되니 길이 통하지 않아서 우리 군사들을 거두어 점검하고 돌아왔다. 경상 좌도와 우도의 여러 장수들과 서로 호응하기로 협의하고 죽현(竹峴)에 매복을 두기로 계획하였다.

二十六日。

大雪深尺, 道途不通, 收點本軍而還。與左右道諸將, 恊謀相應, 設伏於竹峴[218]爲計。

● 12월

눈도 쌓이고 바람도 차서 행인들 대부분 가로막혀 끊어졌으니, 전해오던 소식조차 이어지지 않았다. 게다가 군사들의 양식이 점차 부족해지는데도 육로로든 수로로든 운반하는 것이 또한 어려우니, 병졸들이 혹여 추위에 떨거나 끼니를 거를까봐 염려하였다. 그리하여 의병진(義兵陣)의 영문(營門)을 굳게 닫고 병사들이 동요하지 않도록 다독이면서, 적이 머물고 있는 목채(木寨) 안의 동정을 관망하였다.

十二月。

---

218 竹峴(죽현): 경상북도 상주읍의 남쪽 淵岳山에 있는 재.

雪積風寒, 人多阻絶, 傳聞不續。且糧餉漸乏, 轉漕[219]亦難,
兵卒慮或凍餒。故堅閉陣門, 按兵不動, 而觀賊寨之動靜焉。

---

219 轉漕(전조): 식량을 운반할 때, 陸路를 통해 수레로 운반하는 것을 轉이라 하
고, 水路를 이용하여 배로 운반하는 것을 漕라 함.

계사년(1593)

• 1월

1월 1일.

과일과 채소로만 차례를 지내니 전란 중에 치른 일이어서 감회와 슬픔이 배나 절실하였다.

癸巳元月一日。

以果蔬, 行茶禮[1], 亂中行事, 感愴倍切。

1월 10일.

권의중(權義中)과 함께 청리(靑里)에 가서 김사종(金嗣宗)의 죽음을 슬퍼하여 곡(哭)하였다. 해질 무렵이 되어서 죽현(竹峴)에 올라가 원막(院幕: 길손이 쉬어갈 수 있는 곳)에 묵으며 군마(軍馬)와 매복 장소를 점검하였는데, 각 의병진에서 명령을 어기고 흩어져 도망치는 폐단이 없도록 새삼스레 엄히 단속하였다.

十日。

---

1 茶禮(다례): 명절에 지내는 제사.

同權義中, 往靑里, 哭金嗣宗。日晡, 上竹峴, 宿院幕, 點檢軍馬及所伏, 各陣無違令散亡之弊, 更可嚴束。

1월 12일.

우지령(牛旨嶺) 아래에 이르러 김면(金沔)과 곽재우(郭再祐) 두 장군을 만났는데, 우선 적을 방위하는 계책을 펼치고 또 군량과 말먹일 마초에 대해 묻고는 그대로 우지령의 의병군 속에 머물렀다. 듣건대 두 왕자가 지난달부터 부산(釜山)의 앞바다에 머물러 있었다는데 그믐날에 일본으로 끌고 들어가려했지만 순화군(順和君)이 도중에 병이 생겼다고 하니 매우 근심스러워 답답하였다.

十二日。

至牛旨嶺[2]下, 逢金郭兩將 先舒助防之策, 且問糧餉及馬草, 仍留牛旨軍中。聞兩王子, 去月, 泊釜山云, 歲下引入日本, 而順和君道中生病云, 甚爲憂懣。

1월 15일.

조정에서 내려온 교지(敎旨)를 보니, 김면(金沔)은 통정대부(通政大夫)를 가자(加資: 품계 승진)하여 의총장(義摠將)이 되었고, 곽재우(郭再祐)는 통정대부를 가자하여 원수(元帥)가 되었고, 권의중(權義

---

2 牛旨嶺(우지령): 牛旨峙. 金泉 知禮와 居昌의 경계에 있는 고개.

中)은 품계가 높아져 대장(大將)이 되었다.

十五日。

見朝廷下旨, 則金沔加通政爲義摠將, 郭再祐加通政爲元帥,
權義中加秩爲大將。

1월 17일。

서경(西京: 평양)의 소식을 듣건대, 이달 6일에 명나라 군대가 평
양을 포위하고 8일 사시(巳時: 오전 10시 전후)에 성을 함락시키자
왜놈들은 몰락하여 명나라 군사들에 의해 도륙되었는데 저들이 말
한바 19개 사단 중에서 18개 사단이 모조리 다 죽었고 나머지 1개
사단도 도망쳐 봉산(鳳山)으로 갔지만 황주(黃州)에서 뒤쫓아 공격
하여 사살한 왜적이 셀 수 없을 정도였고, 9일 미시(未時: 오후 2시
전후)에 명나라 군대가 황주에 도착하였는데 대장(大將)이 2명, 유
격장(遊擊將)이 40명, 위부장(衛部將)이 2천 명, 군졸이 수십 만 명
이었다고 하였다.

총독(總督)은 이여송(李如松, 협주: 李成樑의 아들, 李成梁의 오기),
대장(大將)은 송응창(宋應昌), 유격장(遊擊將)은 전세정(錢世禎: 錢世
楨의 오기)·오유충(吳惟忠: 吳惟敬의 오기)·심유경(沈惟敬: 沈惟敬의
오기)·조승훈(祖承訓), 도사(都司)는 장삼외(張三畏)·왕필적(王必迪)
이었으며, 그 밖의 나머지는 다 기록할 수가 없다.

十七日。

聞西信³, 則今月六日⁴, 天兵圍平壤, 八日巳時陷城, 倭奴沒爲

天兵所屠戮, 渠之所謂十九團內, 十八團全沒, 其餘一團, 逃去
鳳山[5], 自黃州追擊, 射殺無數, 九日未時, 天兵到黃州, 大將二
員, 游擊將四十員, 衛部將二千員, 軍卒數十萬。總督李如松(成
樑[6]之子), 大將宋應昌[7], 游擊將錢世禎[8]·吳唯忠[9]·沈唯敬[10]·祖承

---

3 西信(서신): 西京에 관한 소식.

4 1593년 1월에 있었던 소위 제4차 평양성 전투. 명나라는 李如松에게 5만의 군
   사를 주어 조선을 구원하게 하였다. 압록강을 건너온 명군은 다음해 1월 6일
   이른 아침 조선 관군과 함께 평양성을 포위하고 七星門·보통문·含毬門 등 세
   성문 밖에 진을 쳤다. 이에 조선의 李鎰·김응서의 군대와 休靜과 惟政의 승군
   도 합세하였다. 전군에 명을 내려 평양성의 서북면을 포위하게 하였다. 이어서
   吳唯忠·査大受와 승군은 牡丹峰, 이여송·張世爵은 칠성문, 楊元은 보통문,
   조승훈·駱尙志·李如柏은 이일·김응서와 함께 함구문을 공격하도록 하였다.
   제독 이여송은 기병 100여명을 거느리고 모든 장수를 지휘하며 후퇴하는 자는
   목을 베고 먼저 성에 오르는 자에게는 銀 50냥을 준다며 사기를 북돋웠다. 이에
   일본 장수 고니시는 練光亭의 토굴로 들어가고 칠성문·보통문·모란봉 등지의
   제장들도 여기에 모여서 응전하였다. 이여송은 이곳을 집중적으로 공격했으나
   많은 부상자가 발생하자, 막다른 지경에 빠진 왜적들이 죽을힘을 다할 것을 염
   려, 성 밖으로 군사를 거두고 고니시에게 성을 열어줄 테니 퇴각하라고 하였다.
   고니시는 군량과 무기가 바닥나고 원군도 오지 않자 결국 이 제안을 받아들였
   다. 이여송이 이 사실을 조선 진영에 통보하자 조선측은 복병을 철수하고 길을
   열어주었다. 이에 고니시는 남은 군사를 거두어 중화·黃州를 거쳐 다음 날 鳳
   山에 이르렀는데, 이곳에 주둔했던 일본군은 이미 도망가고 없었다. 이로써 일
   본군은 서울로 후퇴하고 조선은 비로소 평양성을 탈환하게 되었다. 이 평양성
   탈환은 이제까지 후퇴만 계속하던 전세를 역전시키는 주요 계기가 된 전투였다.

5 鳳山(봉산): 황해도 봉산군 沙里院에서 동쪽 약 6km 지저에 있는 고을.

6 成樑(성량): 李成梁(1526~1615)의 오기. 명나라 말의 將令. 자는 汝契, 호는
   引城. 遼寧省 鐵岭 출신이다. 조선인 李英의 후예로 遼東의 鐵嶺衛指揮僉事
   의 직위를 세습해 왔다. 1570~1591 연간과 1601~1608년 연간 두 차례에 걸
   쳐 30년 동안 遼東總兵의 직위에 있었다. 이 기간에 그는 軍備를 확충하고,

訓¹¹, 都司張三畏¹²·王必迪¹³, 餘外不能盡錄。

建州女眞 5部, 海西女眞 4部, 野人女眞 4部 등으로 나뉘어 있는 여진의 부족 갈등을 이용하면서 遼東지역의 방위와 안정에 크게 기여하였다. 1573년 寬甸(遼寧省 丹東) 등에 六堡를 쌓았으며, 1574년 女眞 建州右衛의 수장인 王杲가 遼陽과 瀋陽을 침공해오자 이들의 근거지인 古勒寨를 공격해 물리쳤다. 그리고 建州左衛 女眞을 통제하기 위해 首長인 塔克世의 아들인 누르하치[努爾哈赤, 청 태조, 1559~1626]를 곁에 억류해 두었다. 1580년 이성량의 공적을 치하하는 牌樓가 皇命으로 廣寧城(遼寧省 錦州)에 세워질 정도로 그는 明의 遼東 방위에 큰 공을 세웠다. 1582년 王杲의 아들인 阿台가 다시 군사를 일으키자 古勒寨를 공격해 1583년 함락시켰다. 하지만 이 전투에서 이미 明나라에 歸附했던 누르하치의 아버지와 할아버지인 塔克世와 覺昌安도 阿台를 설득하기 위해 古勒寨에 들어갔다가 明軍에게 살해되었다. 이 사건은 누르하치의 불만을 샀고, 1618년 그가 明과의 전쟁을 선포하며 발표한 이른바 '七大恨'의 첫 번째 항목으로 꼽혔다.

7 宋應昌(송응창, 1536~1606): 명나라 장수. 임진왜란 당시 1592년 12월 명군의 지휘부, 경략군문 병부시랑으로 부하인 제독 李如松과 함께 43,000명의 명나라 2차 원군의 총사령관으로 참전하였다. 그리고 조선의 金景瑞와 함께 제4차 평양 전투에서 평양성을 탈환한다. 그러나 이여송이 벽제관 전투에서 대패하자 명나라 요동으로 이동, 형식상으로 지휘를 하였다. 이후 육군과 수군에게 전쟁 물자를 지원해 주었고 전쟁 후 병이 들어 70세의 나이로 병사하였다.

8 錢世禎(전세정): 錢世楨(1561~1642)의 오기. 명나라 장수. 임진왜란 때 기마병 1천 명을 이끌고 조선으로 들어와 전공을 세웠다.

9 吳唯忠(오유충): 吳惟忠의 오기. 임진왜란 당시의 명나라 장수로, 1593년에 파병된 우군 유격장군이다. 제4차 평양 전투에서 副摠兵으로 활약하였으며, 정유재란에는 충주를 지키는 임무를 맡았다.

10 沈唯敬(심유경): 沈惟敬의 오기. 1592년 임진왜란 때 祖承訓이 이끄는 명나라 군대를 따라 조선에 들어왔는데, 평양성 전투에서 명나라군이 일본군에게 대패하자 일본과의 화평을 꾀하는데 역할을 하였고, 1596년 일본에 건너가 도요토미 히데요시를 만나 협상을 진행하였으나 매국노로 몰려 처형되었다.

11 祖承訓(조승훈): 임진왜란 때 명에서 파견된 장군. 파병 당시 직위는 摠兵으로

1월 25일。

명나라 군대가 숙천(肅川)에 도착했는데, 마치 사납게 부는 바람과 빠른 번개 같은 기세와 같아서 양경(兩京: 평양과 개성)이 이미 수복된 것이나 다름없다고 하니, 각 의병진의 군졸들이 춤추고 노래를 불렀다.

二十五日。

天兵到肅川, 如疾風霹靂[14]之勢, 兩京[15]旣復云, 各陣軍卒, 蹈舞賡歌。

● 3월

3월 6일。

나는 대장 권의중(權義中)과 함께 죽현(竹峴)에 가서 복병 둔 곳을

1592년 7월에 기마병 3천을 거느리고 평양을 공격하게 하였으나 이기지 못한 채 퇴각하여 요동으로 되돌아갔다가 12월에 다시 부총병 직위로 이여송 군대와 함께 와서 평양성을 수복하였다.

12 張三畏(장삼외): 遼東 三萬衛 사람. 임진왜란 때 遼東都指揮使司僉事로 義州에 와 머물면서 군량을 관리하였다.

13 王必迪(왕필적): 명나라 장수. 임진왜란 때 副摠兵으로 李如松을 따라 참전하여 활약하였다.

14 疾風霹靂(질풍벽력): 疾風迅雷. 사납게 부는 바람과 빠른 번개. 행동이 날쌔고 과격함이나 사태가 급변함을 비유해 이르는 말이다.

15 兩京(양경): 西京과 開京. 평양과 개성을 일컫는다.

점검하였다. 듣건대 전라순찰사(全羅巡察使) 권율(權慄)이 행주산성 (幸州山城)으로 쳐들어오는 왜적을 대파하여 천여 명의 목을 베었다고 하였다.

三月六日。

余與權大將, 同赴竹峴, 設伏所點檢。聞全羅巡察使權慄[16], 大破幸州[17]之賊, 斬首千餘級。

---

16 權慄(권율, 1537~1599): 본관은 安東, 자는 彦愼, 호는 晩翠堂・暮嶽. 1582년 식년문과에 급제했다. 임진왜란이 일어나 수도가 함락된 후 전라도순찰사 李洸 과 防禦使 郭嶸이 4만여 명의 군사를 모집할 때, 광주목사로서 곽영의 휘하에 들어가 中衛將이 되어 북진하다가 용인에서 일본군과 싸웠으나 패하였다. 그 뒤 남원에 주둔하여 1,000여 명의 의용군을 모집, 금산군 梨峙싸움에서 왜장 고바야카와 다카카게[小早川隆景]의 정예부대를 대파하고 전라도 순찰사로 승진하였다. 또 북진 중에 수원의 禿旺山城에 주둔하면서 견고한 진지를 구축하여 持久戰과 遊擊戰을 전개하다 우키타 히데이에[宇喜多秀家]가 거느리는 대부대의 공격을 받았으나 이를 격퇴하였다. 1593년에는 병력을 나누어 부사령관 宣居怡에게 시흥 衿州山에 진을 치게 한 후 2800명의 병력을 이끌고 한강을 건너 幸州山城에 주둔하여, 3만 명의 대군으로 공격해온 고바야카와의 일본군을 맞아 2만 4000여 명의 사상자를 내게 하며 격퇴하였다. 그 전공으로 도원수에 올랐다가 도망병을 즉결처분한 죄로 해직되었으나, 한성부판윤으로 재기용되어 備邊司堂上을 겸직하였고, 1596년 충청도 순찰사에 이어 다시 도원수가 되었다. 1597년 정유재란이 일어나자 적군의 북상을 막기 위해 명나라 提督 麻貴와 함께 울산에서 대진했으나, 명나라 사령관 楊鎬의 돌연한 퇴각령으로 철수하였다. 이어 順天 曳橋에 주둔한 일본군을 공격하려고 했으나, 전쟁의 확대를 꺼리던 명나라 장수들의 비협조로 실패하였다. 임진왜란 7년 간 군대를 총지휘한 장군으로 바다의 이순신과 더불어 역사에 남을 전공을 세웠다. 1599년 노환으로 관직을 사임하고 고향에 돌아갔다.

17 幸州(행주): 경기도 고양 지역에 위치한 고을.

3월 22일.

도체찰사(都體察使) 류성룡(柳成龍)의 관문(關文: 공문)에 의하면, 관군과 의병이 서로 힘을 모우지 않으니 개연히 한숨을 쉬며 탄식한다고 하였다. 이때 공(公: 류성룡)은 명나라 장수의 접대사(接待使)였지만 평안 도체찰사(平安都體察使)였을 때 또한 내렸었던 관지(關旨: 공문서)에도 은혜와 위엄을 아울러 보여주어야 한다고 했다. 이보다 앞서 영백(嶺伯: 경상도 관찰사) 김수(金睟)가 곽재우(郭再祐) 원수(元帥)를 토적(土賊: 지방 도둑의 무리)이라고 날조해 고발하며 전공을 시기하였기 때문에 이러한 관지(關旨)가 있었던 것이다. 그래서 원수 곽재우는 병권(兵權)을 내려놓고 잠시 피했다가 얼마 되지 않아 행재소(行在所)에서 품계를 높여 불러들이는 명이 있었기 때문에 다시 출세하여 적을 토벌하니 공적이 높고 높았다.

二十三日[18]。

都體察使[19]柳成龍[20]關辭內, 以官義兵, 不相合力, 慨然感歎。

---

18 二十三日(이십삼일): 날짜가 중복되기 때문에 二十二日의 오기인 듯.

19 都體察使(도체찰사): 議政이 兼任하는 臨時職의 하나. 특정한 지역의 軍政과 民政을 총괄한다. 임진왜란 동안 柳成龍은 1592년 4월 병조판서를 겸하는 都體察使가 되었고, 그해 12월 평안도 都體察使가 되었고, 1593년 1월 三道都體察使가 되었고, 1595년 10월 경기·황해도·평안도·함경도 도체찰사가 되었다.

20 柳成龍(류성룡, 1529~1603): 본관은 豊山, 자는 而見, 호는 西厓. 李滉의 제자이다. 1566년 별시문과에 병과로 급제하였다. 1569년 聖節使 서장관으로 명나라에 다녀왔다. 1583년 부제학이 되어 〈備邊五策〉을 지어 올렸으며, 1589년에는 왕명으로 〈孝經大義跋〉을 지어 올리기도 하였다. 왜란이 있을 것을 대비

時公爲天將接待使, 而平安體察使, 亦有關旨, 恩威幷示也。先是, 嶺伯金睟, 以郭元帥, 誣告土賊, 猜功, 故有此關旨。然元帥釋兵[21]暫避矣, 未久, 自行在加秩有召命, 故復出身討賊, 功績崇嵬。

3월 23일。

상주 목사 김해(金澥)가 화령(化寧)의 산속에 숨어 있다 적의 칼날에 해를 당하여 부자가 모두 죽었는데, 애초부터 병화를 피하기만 할 뿐이어서 비록 벼슬아치로서의 체모를 잃었을지라도 그러나 끝내 피살되었다니 듣기로는 몹시 참혹하기가 그지없었다. 또한 의병장 김해(金垓)가 병으로 의병군 진중(陣中)에서 죽었으며, 김지해(金志海: 金沔)가 병영에서 죽었다고 하니 경악스러워해 마지않았다.

二十三日。

州伯金澥, 在化寧山中, 遇害於賊刀, 父子幷命, 自初避禍, 雖失公體, 然終乃被殺, 聞極慘絶。且義將金垓, 病卒軍中[22], 金志

해 형조정랑 權慄과 정읍현감 李舜臣을 각각 의주목사와 전라도좌수사에 천거하고 1592년 4월 판윤 申砬과 軍事에 대하여 논의하여 일본침입에 대한 대비책을 강구하였다. 4월 13일 왜적의 내침이 있자 도체찰사로 군무를 총괄하고, 영의정이 되어 왕을 扈從하였다. 1593년 명나라 장수 이여송과 힘을 합해 평양성을 수복하고 4도의 도체찰사가 되어 군사를 총지휘하여, 이여송이 碧蹄館에서 대패하여 西路로 퇴각하자 권율 등으로 하여금 파주산성을 방어케 하였다. 1604년 扈聖功臣 2등에 책록되고 다시 豊山府院君에 봉해졌다. 영남유생의 추앙을 받았다.

21 釋兵(석병): 병권을 내려놓음.

海, 歿於營寨, 不勝驚愕。

3월 24일.

듣건대 명나라 군대가 한양(漢陽)에 이르러 왜적의 선봉을 베자 나머지 왜적들이 허둥지둥 겁을 먹고 흩어지며 절로 물러갔다고 하였다.

二十四日。

聞天兵至漢陽, 斬厥先鋒, 餘倭惶怵, 解散自却也。

● 4월

4월 1일.

왜놈들이 편지를 보내어 명나라 군대에 화친을 청했으나, 모두 불허해야 한다는 의견을 견지하는데 힘썼다.

四月一日。

倭奴遣書, 請和於天兵, 摠務堅執不許。

---

22 義將金垓, 病卒軍中(의장김해, 병졸군중): 『鄕兵日氣』(작자미상, 신해진 역, 역락, 2014)에 의하면 1593년 6월 19일 慶州 인근의 軍營에서 죽은 것으로 된 바, 착종이 있음.

4월 11일。

경상우도 관찰사 김공(金公: 金誠一)이 전염병에 걸려 진주(晉州)에서 죽었다고 하니, 사람들이 서쪽을 바라보며 눈물을 흘리지 않는 자가 없었다.

十一日。

右方伯金公, 以染患, 卒于晉州云, 人無不西望垂淚也。

● 5월

5월 3일。

명나라 군대가 당교(唐橋)에서 상주(尙州)로 들어와 왜적을 내몰아내고 도로 당교에 주둔하였다.

五月三日。

天兵自唐橋入尙州, 逐倭, 還屯唐橋。

5월 14일。

황공직(黃公直: 황정간)이 와서 말했다.

"상주(尙州)의 왜적들이 모조리 물러갔고, 명나라 군대가 와서 상주 외곽을 진압하였다고 합니다."

十四日。

黃公直來言:"尙州賊, 全數退去, 天兵來, 鎭州郭云."

● 6월

6월 2일。

듣건대 명나라 군대가 한양으로 올라가겠다는 의지가 있다고 하
니, 밀려 내려간 적들이 다시 준동할 우려가 있다고 말할 뿐이었다.

六月二日。

聞天兵有上去之意, 下賊有復動之慮云爾。

6월 10일。

곽재우(郭再祐) 원수(元帥)가 장차 성주(星州)의 적을 토벌하려고
하여 중위장(中衛將: 權用中)과 함께 병사를 이끌고 뒤에서 지원하
려는데, 원수의 지휘로 하산(夏山: 창녕)으로 물러나 지켰다.

十日。

郭元帥, 將討星州之賊, 同中衛引兵後援, 以元帥指揮, 退守
夏山[23]。

● 7월

7월 11일。

듣건대 진양(晉陽: 진주)이 포위된 지 8일 만에 성이 마침내 함락

---

23 夏山(하산): 경상남도 昌寧의 다른 이름.

되었다고 하였다. 병사(兵使)와 수사(水使) 및 진관(鎭官) 20여 명과 피해 군졸 5,6천 명은 모두가 경상도 및 호서와 호남에서 적개심을 품은 정예 군사이었다. 김천일(金千鎰)·최경회(崔慶會)가 마침 촉석루(矗石樓)에 있었지만 일이 뜻한 바대로 이루어지지 않은 것을 보고서 손을 맞잡고 통곡하고는 서쪽을 향해 두 번 절한 뒤에 강물에 투신하여 죽었으며, 복수장군(復讎將軍) 고종후(高從厚)도 역시 성안에 있다가 해를 입었다. 아! 고종후는 고경명(高敬命)의 둘째아들이다. 부친의 원수를 미처 갚지 못하고 자신이 먼저 죽었으니 애통하고 놀라운 마음이 다른 사람들보다 더욱 처절하였지만, 세 부자가 순절하였으니 어찌 위대하다 하지 않겠는가.

七月十一日。

聞晉陽, 被圍八日, 城遂陷[24]。兵水使及鎭官二十餘員, 被害

---

24 晉陽, 被圍八日, 城遂陷(진양, 피위팔일, 성수함): 1593년 6월 21일부터 29일까지 행해진 제2차 晉州城戰鬪를 가리킴. 제1차 진주성전투에서의 참패로 위신이 손상된 도요토미 히데요시[豊臣秀吉]는 1593년 6월 가토 기요마사[加藤清正]·고니시 유키나가[小西行長]·우키타 히데이에[宇喜多秀家] 등에게 복수전을 하도록 특별히 명령을 내렸다. 왜군은 6월 15일부터 작전을 개시하여, 18일까지 경상남도 咸安·班城·宜寧 일대를 점령하고, 19일에는 3만 7000명의 병력을 동원하여 진주성을 공격하도록 하였다. 6월 21일부터 본격적인 왜군의 공격이 시작되면서 조선 관군과 의병, 주민들이 합세하여 대항하는 가운데 6월 27일까지 전투는 치열하게 전개되었다. 성 내에서의 관·군·민은 서로의 역할을 나누어 전투에 임하였다. 관은 편대를 나누어 군사들을 독려하는 역할을 맡고, 주민들은 전투를 잘 치르도록 성안의 흙담을 높이는 작업과 돌을 무기로 나르는 작업을 하였으며, 의병장들은 성을 넘으려는 왜군들을 직접 상대하여 무찔렀다. 그러나 왜군은 성벽의 밑바닥을 파서 성을 무너트리기 위해 성

軍卒五六千人, 盡是道內及湖西南, 敵憚精銳之士也。金千鎰·
崔慶會[25], 適在矗石樓[26], 見事之不濟, 握手痛哭, 西向再拜, 投
江而死, 復讐將軍高從厚[27], 亦在城中遇害。噫! 從厚敬命之第
二子也。父讐未復, 身先死, 痛愕之情, 尤切他人, 然三父子殉
節, 豈不偉哉?

밑을 파기 시작하였고, 6월 28일 불행히도 큰 비가 내려 성이 무너지기 시작하
였다. 이때 黃進은 왜군의 탄환에 맞아 전사하였고, 성안의 관·군·민들은 동분
서주하며 성을 끝까지 지키려 하였다. 李宗仁을 비롯한 군사들은 왜군이 성안
에 들어오자 백병전을 벌였고, 주민들도 시가전을 펼쳤으나 이튿날에는 결국은
성이 함락되고 말았다. 성이 함락되자 왜군은 성안에 남은 군·관·민 6만 명을
司倉의 창고에 몰아넣고 모두 불태워 학살하였을 뿐만 아니라 가축도 모두 도
살하였다고 한다.

25 崔慶會(최경회, 1532~1593): 본관은 海州, 자는 善遇, 호는 三溪·日休堂. 전
  라남도 陵州 출신이다. 1561년 進士가 되고, 1567년 式年文科에 급제, 寧海郡
  守가 되었다. 1592년 임진왜란 때 의병장이 되어 錦山·茂州 등지에서 왜병과
  싸워 크게 전공을 세워 이듬해 경상우도 兵馬節度使에 승진했다. 그해 6월 제2
  차 晉州城 싸움에서 9주야를 싸우다 전사했다.

26 矗石樓(촉석루): 경상남도 진주시 본성동에 있는 누각.

27 高從厚(고종후, 1554~1593): 본관은 長興, 자는 道冲, 호는 準峰. 1570년 진
  사가 되고, 1577년 별시문과에 급제하여 縣令에 이르렀다. 임진왜란 때 아버지
  高敬命을 따라 의병을 일으키고, 錦山 싸움에서 아버지와 동생 因厚를 잃었다.
  이듬해 다시 의병을 일으켜 스스로 復讐義兵將이라 칭하고 여러 곳에서 싸웠
  고, 위급해진 晉州城에 들어가 성을 지켰으며 성이 왜병에게 함락될 때 金千鎰·
  崔慶會 등과 함께 南江에 몸을 던져 죽었는데, 세상에서는 그의 三父子를 三壯
  士라 불렀다.

• 8월

8월 2일。

두 왕자가 적진으로부터 되돌아올 수 있었다고 하니, 기쁘고 다행스러운 마음을 무엇으로 비유하겠는가. 명나라 조정에 올린 주문(奏聞)에 대한 회답이 도착하였는데, 황제가 주문을 보고서 진노하여 왜적과 화친 맺는 것을 허락하지 않았던 것이다.

八月二日。

兩王子, 自賊中得還云, 喜幸何喩? 天朝奏聞[28], 回勅[29]來到, 皇帝見奏聞震怒, 不允講和。

• 9월

9월 28일。

유격장(遊擊將) 송대빈(宋大斌)이 영남에 진을 치고 머물러 있다가 상강(霜降) 절기를 맞아 산천에 제사를 지냈다. 들건대 적이 화친하는 일을 핑계로 머뭇거리며 돌아가지 않으니, 명나라 군대도 또한 군사를 돌이키지 못하고 대구(大邱) 일대에 보루(堡壘)를 쌓아 병영을 이어서 서로 견고하게 지키는 계책으로 삼았다고 한다.

---

28 奏聞(주문): 임금에게 아뢰던 일.
29 回勅(회칙): 보내온 勅書.

九月二十八日。

宋游擊[30], 方留陣嶺南, 以霜降[31]祭山川。聞賊托稱和事, 逗遛[32] 不返, 天兵亦未般師[33], 大邱一境, 築壘連營, 互爲堅守之計。

● 10월

10월 21일。

들건대 대가(大駕)가 초하룻날 대궐로 돌아왔고, 이로부터 경성에 살고 있는 백성들이 점차 안정되었다고 하였다.

十月二十一日。

聞大駕初一日還御, 自此居民稍定。

[역자 보충]

1592년 5월 3일에 일본군이 도성을 점령한 이후 1593년 10월 1일 정릉동 행궁으로 되돌아오기까지 1년 5개월 동안 한성은 일본군에 의해

---

30 宋游擊(송유격): 宋大斌.《宣祖實錄》1593년 7월 20일조부터 등장한다. 중국 明나라 神宗 때의 무신. 임진왜란 중이던 1593년에 提督 李如松 휘하의 遊擊 將軍으로 2천의 兵馬를 이끌고 조선에 왔다가 이듬해 정월에 돌아갔다.

31 霜降(상강): 1년 중 서리가 내리기 시작한다는 날. 寒露와 立冬 사이에 들며, 아침과 저녁의 기온이 내려가고, 서리가 내리기 시작할 무렵이다.

32 逗遛(두류): 머뭇거림. 일시 체류함.

33 般師(반사): 군사를 돌이킴.

짓밟혔던 것이다. 이에 대해《선조실록》1593년 10월 1일자에는 "상
(上)이 벽제역(碧蹄驛)을 출발하여 미륵원(彌勒院)에서 주정(晝停)
하고 저녁에 정릉동 행궁으로 들어갔다."고 기록되어 있다. 또《선조
수정실록》1593년 10월 1일자에는 "상(上)이 경사(京師)로 돌아와서
【4일】정릉동(貞陵洞)에 있는 고(故) 월산대군(月山大君)의 집을 행
궁(行宮)으로 삼았다."고 기록되어 있다.

● 11월

11월 2일。

명나라의 장군 이여송(李如松)과 시랑(侍郞) 송응창(宋應昌)이 도
로 본국으로 돌아갔고, 총병(總兵) 유추(劉鎚: 劉綎의 오기)와 유격(遊
擊) 오유충(吳唯忠: 吳惟忠)이 대규모의 무리를 이끌고 성안으로 들
어와 주둔하였다.

완산(完山: 전주)의 전언통신문을 보건대, 우수사(右水使: 右兵使
의 오기, 成允文)와 전라도 병사(全羅兵使: 宣居怡)가 고성(固城: 高靈
의 오기)의 당포(唐浦: 永城縣의 오기)에서 적을 만나 전라도 병사가
적의 탄환에 맞았다고 하니, 사람들이 모두 놀라고 탄식하였다.

十一月二日。

天將李如松[34]·宋侍郞,　還入本朝,　劉摠兵鎚[35]·吳游擊唯忠,

34　이때 李如松은, 조선의 僧軍, 官軍과 연합하여 1593년 1월 고니시 유키나가[小

率大衆入屯城中。見完山傳通, 則右水使及全羅兵使, 遇賊於固
城唐浦³⁶, 兵使中丸云, 人皆驚歎。

西行長]의 왜군을 기습해 平壤城을 함락하고 평안도와 황해도, 개성 일대를
탈환했지만, 도성 부근의 碧蹄館에서 고바야카와 다카카게[小早川隆景], 다치
바나 무네시게[立花宗茂] 등이 이끄는 왜군에 패하여 開城으로 퇴각하였다가
함경도에 있는 가토 기요마사[加藤淸正]의 왜군이 평양성을 공격한다는 말이
떠돌자 平壤城으로 물러났는데, 그 뒤에는 전투에 적극적으로 나서지 않고 和
議 교섭에만 주력하고 있었음. 결국 이때 이여송은 劉綎(1558~1619)의 부대만
남기고 명나라로 철군하였다.

35 劉摠兵鋌(유총병추): 劉綎는 劉綎(1558~1619)의 오기. 1592년 임진왜란이 일
어나자 이듬해 원병 5천을 이끌고 참전하였다. 1597년 정유재란 때 남원에서
졌다는 소식이 전해지자, 배편으로 강화도를 거쳐 입국하였다. 전세를 확인한
뒤 돌아갔다가, 이듬해 提督漢土官兵禦倭總兵官이 되어 대군을 이끌고 와서
도와주었다. 曳橋에서 왜군에게 패전, 왜군이 철병한 뒤 귀국하였다.

36 右水使及全羅兵使 遇賊於固城唐浦(우수사급전라병사, 우적어고성당포): 鄭
慶雲(1556~?)의《孤臺日錄》1593년 11월 3일자의 기사 "왜적들이 다시 진주
를 침범했다. 순변사 李蘋, 우병사 成允文, 전라병사 宣居怡가 永城縣에서 전
투를 별였지만 이기지 못하고 퇴각했다. 선거이는 다리에 적의 탄환을 맞아 宜
寧으로 물러나 주둔했으며, 沃州(전라남도 진도군의 옛 별호) 군수 李自新은
적탄을 맞고 사망했다."에 의하면, 右水使는 右兵使의 오기이고 固城唐浦는
高靈郡 永城縣의 오기임.

　成允文(생몰년 미상)의 본관은 昌寧이다. 임진왜란이 일어나기 1년 전인 1591
년 甲山府使로 부임하였다. 임진왜란이 일어나 함경남도병마절도사 李瑛이 왜
군의 포로가 되자 그 후임이 되었고, 이어 함경북도병마절도사에 임명되었다.
1593년 함흥부 噓咿里 지방에서 왜적을 물리쳤다. 1594년 경상우도병마절도사
로 부임하였으나 곧 파직되었다. 1596년 晉州牧使에 제수되었다가 다시 경상
좌도병마절도사에 올라 義興·慶州 일대에서 적을 물리쳤다. 1598년 왜군 포로
로부터 도요토미 히데요시가 죽어 왜적이 철수할 예정이라는 정보를 입수하여
조정에 올려 이에 대비토록 하였다. 그해 제주목사로 부임하였다가 1601년 水
原府使를 거쳐 충청도수군절도사·평안도병마절도사 등을 지냈다. 한편, **宣居**

● 12월

12월 7일。

함창(咸昌) 의병장 이봉(李逢)이 주부(主簿)에 제수되었고 곧이어 괴산 군수(槐山郡守)에 임명되었다.

十二月七日。

咸昌義將李逢, 除主簿, 尋拜槐山[37]倅。

12월 19일。

새벽녘에 출발해 내달려서 대구(大邱)에 도착하여 팔거(八莒)의

怡(1550~1598)의 본관은 寶城, 자는 思慎, 호는 親親齋이다. 1569년 宣傳官이 되고 다음해 무과에 급제하였다. 1586년 함경북도 병마절도사 李鎰의 啓請軍官이 되었다. 1587년 造山萬戶이었던 李舜臣과 함께 鹿屯島에서 변방을 침범하는 여진족을 막아 공을 세웠다. 1588년 거제현령·진도군수를 역임, 성주목사를 거쳐 1591년에 전라도수군절도사가 되었다. 임진왜란이 일어나자 7월에 한산도해전에 참가해 전라좌수사 이순신을 도와 왜적을 크게 무찔렀다. 1592년 12월 禿山山城 전투에서는 전라도병사로서 전라순찰사 權慄과 함께 승첩을 올렸는데 이때 크게 부상당하였다. 1593년 2월 행주산성 전투에 참가해 권율이 적을 대파하는데 공을 세웠다. 그해 9월에는 함안에 주둔하고 있던 적군이 약탈을 일삼고 있었으므로 이를 공격하다가 부상을 당하였다. 그 뒤 충청병사에 올랐다. 한산도에 내려와서는 이순신을 도와 屯田을 일으켜 많은 軍穀을 비축, 공을 세웠다. 1594년 9월에는 이순신과 함께 長門浦 해전에서 또 공을 세웠다. 그 뒤 충청수사가 되고 다음해 황해병사가 되었다. 1597년 정유재란 때에는 남해·상주 등지에서 활약하였다. 1598년에는 울산 전투에 참가, 명장 楊鎬를 도와 싸우다 전사했다.

37 槐山(괴산): 충청북도 중앙부에 위치한 고을.

의병진 막사에 묵었는데, 명나라 군대가 주둔해 있는 곳으로 비밀리에 알아볼 일이 있어서였다.

十九日。

曉發馳到大邱, 宿八莒[38]陣幕, 天兵所留地, 密有探知事。

12월 26일。

내가 화왕산성(火旺山城)에 들어가 주둔하려 했기 때문에 현풍(玄風)의 일을 본영(本營)에 들어가서 방백(方伯: 관찰사)에게 호소하여 아뢰고 허락을 받았다.

二十六日。

余以火旺山城[39]入屯, 玄風[40]事, 入于本營, 方伯訴告, 蒙許。

12월 28일。

모든 군관들을 거느리고 화왕산(火旺山)에 가서는, 특별히 마을 관청 한 곳을 '상의막(尙義幕: 상주 의병 막사)'이라 하고 방문(榜文)을 붙여서 "의병 모집에 응하여 따르려는 자는 여기에 이름을 쓰라."고 하였으며, 여러 고을들의 의병 막사에도 똑같은 내용을 게시하였다. 경상도 온 도의 선비들은 메아리가 울리고 그림자가 따르듯

---

38 八莒(팔거): 대구광역시 북구 칠곡동 일원에 있었던 옛 지명.

39 火旺山城(화왕산성): 경상남도 창녕군 창녕읍 옥천리에 있는 가야시대의 석성.

40 玄風(현풍): 대구광역시 달성군 남부에 있는 고을.

호응하여 일제히 이곳에 모여 들어와서는 성첩(城堞)을 지키고 나가서는 적을 공격하였으니, 모두 원수(元帥: 곽재우)의 방략에서 나온 것으로 병법가(兵法家: 전술가)의 만전을 기하는 계책이었다.

원수의 용병술은 손오(孫吳: 孫武와 吳起)보다 못하지 않았고, 그의 막하에 들어가기를 원하는 자는 이루 다 헤아릴 수 없었다. 원수가 적과 더불어 여러 날을 서로 대치하다가, 하루는 병사를 거느리고 학산(鶴山)에서 군대를 지휘하다가 한밤중이 되어서야 사람들로 하여금 비슬산(琵瑟山)에 오르도록 하여 사람마다 5개의 횃불을 들게 하고 한꺼번에 큰북도 치고 뿔피리도 일제히 울려서 마치 적을 향할 듯이 하다가 갑자기 횃불을 꺼버려 사람이 없는 것 같이 잠자코 있었는데 또 이렇게 하기를 반복하였다. 무릇 몇 차례 되풀이되자, 적들이 크게 놀라 의구심과 두려움을 품고서 곧바로 달아나 숨어버렸으니, 대저 원수의 용병술은 귀신과 같았던 것이다.

二十八日。

率諸軍官, 赴火旺山, 特署一部, 曰尙義幕, 榜曰: "有應募而來附者, 題名於此." 列邑義幕, 揭示同然。慶尙一省士子, 響應影從, 齊附于此, 入以守堞, 出則攻賊, 盡出於元帥之方略, 而兵家萬全之策也。元帥之用兵, 不下於孫吳[41], 而幕下願赴者, 不可勝數。元帥與賊, 相拒累日, 一日領兵, 輝軍[42]於鶴山, 至夜

---

41 孫吳(손오): 兵法의 시조로 불리는, 전국시대의 孫武와 吳起.
42 輝軍(휘군): 揮軍의 오기인 듯.

半, 乃令人上琵瑟山⁴³, 人人持五頭炬, 一時擧大鼓, 角齊鳴, 若
將向賊, 忽然滅火, 寂若無人, 又復如之。凡幾次, 賊大驚疑懼,
因卽逃遁, 大抵元帥之用兵如神。

43 琵瑟山(비슬산): 대구광역시 달성군과 경상북도 청도군의 경계에 있는 산.

갑오년(1594)

이후로 적은 기세가 점차 꺾였지만 시도 때도 없이 출몰하여 미처 염려하는 마음을 놓을 수가 없었는데, 뜻밖에 **심의겸**(沈義謙)과 김효원(金孝元)으로 대표하는 당론이 또 일어나니 나라 밖으로부터 쳐들어오는 적보다 못지않아 참으로 한탄스러웠다.

甲午。

以後, 賊勢稍屈, 然出沒無常, 未能釋慮, 不意沈金之黨論[1]又起, 不下於外寇之侵犯, 良可咄歎。

● 6월

6월 16일。

들건대 중국의 조정에서 우리나라의 붕당(朋黨)에 관한 일로 말미암아 어사(御史)를 보내어 형편을 알아보고자 곧 나온다고 했기

---

1 沈金之黨論(심김지당론): 沈義謙과 金孝元의 당론. 동서분당이라 일컫는다. 明宗의 왕후의 아우로서 老壯士類의 지지를 받던 심의겸 일파와, 청빈사류로서 젊은 선비들의 지지를 받던 김효원 일파가 1575년 조정의 요직인 吏曹銓郞의 자리를 놓고 반복하고 대립하던 사건이다.

때문에 원접사(遠接使)로 윤선각(尹先覺)과 류영길(柳永吉)을 차출
했다고 하였다.

六月十六日。

聞中朝, 以朋黨事, 送御史, 欲探形止, 卽爲出來, 故差出遠接
使尹先覺²·柳永吉³云。

● 7월

7월 3일。

들건대 적들이 다시 독기를 부리려는 마음을 품었는데도 총병(總

---

2 尹先覺(윤선각, 1543~1611): 본관은 坡平, 자는 粹天, 초명은 國馨, 호는 恩省
·達川. 1568년 別試文科에 급제, 좌승지 등을 지냈다. 1592년 충청도관찰사가
되고, 임진왜란이 일어나자 왜적을 맞아 싸우다가 패전하여 삭직되었다. 뒤에
재기용되어 충청도순변사·판결사·중추부동지사 등을 거쳐, 비변사 堂上이 되
어 임진왜란 뒤의 혼란한 업무를 수습하였다. 광해군 초 공조판서를 지냈다.

3 柳永吉(류영길, 1538~1601): 본관은 全州, 자는 德純, 호는 月峰. 1559년 별
시문과에 장원급제하였으며, 副修撰·正言·병조좌랑·典籍·獻納 등을 거쳐
1565년에 평안도 都事가 되었다. 그러나 권신 李樑에게 아부하였다는 탄핵을
받아 이듬해에 파직되었다. 1589년 강원도관찰사·승문원제조를 지냈다. 1592
년 임진왜란 때 강원도관찰사로 춘천에 있었다. 이때 조방장 元豪가 여주 覽寺
에서 왜군의 도하를 막고 있었는데, 檄書를 보내어 본도로 호출함으로써 적의
도하를 가능하게 하는 실책을 범하였다. 1593년 도총관·한성부우윤을 역임하
고, 다음해 賑恤使가 되었으나 언관의 탄핵을 받아 파직되었다. 1597년 정유재
란이 일어나자 호군·연안부사가 되고, 2년 뒤 병조참판·경기도관찰사를 역임
하였으며 1600년 예조참판으로 치사하였다.

兵) 유정(劉綎)은 또한 철군하여 돌아가려는 생각을 품었다고 하였다.

七月三日

聞賊更有肆毒之意, 而劉摠兵, 亦有掇還之意。

7월 13일。

영남(嶺南)의 격문이 도착하였는데, 소문에 의하면 적의 괴수가 또 나올 것이라면서 한 부대는 육로로 향하고 다른 한 부대는 수로를 통해 호서(湖西)를 침범하려 한다고 하였다.

十三日。

嶺南檄文來到, 聞知賊酋又出來, 一隊向陸路, 一隊因水路, 犯湖西云。

● 9월

9월 13일。

독운어사(督運御史) 윤존중(尹存中: 尹敬立)이 경상 하도에서 와서 말했다.

"명나라 군대가 철군하여 돌아갔나이다."

九月十三日

督運御史[4]尹存中[5], 自下道來, 言: "天兵之掇還."

4 督運御史(독운어사): 세금이나 곡식, 군량미 등의 수송을 감독하는 벼슬아치.
5 存中(존중): 尹敬立(1561~1611)의 字. 본관은 坡平, 호는 牛川. 1585년 진사,
   1588년 알성문과에 급제하고, 승문원권지정자가 되었다. 이듬해 鄭汝立의 옥사
   가 일어나자, 정여립과 친분이 있다 하여 파직되었다. 뒤에 다시 검열에 선임되고,
   1592년 임진왜란 때에는 홍문관정자로 管糧御史·督運御史의 소임을 맡아 군량
   공급에 공을 세우고, 왕의 상을 받았다. 1594년 부수찬에 선임되고, 뒤이어 이조
   좌랑으로 세자시강원사서와 지제교를 겸임하였으며, 이듬해부터는 다시 사예
   ·응교·교리·집의·사간 등의 요직을 역임하였다. 1598년에는 동부승지로 兩湖
   察理使가 되어 군량·마초를 공급하고 뒤이어 충청도관찰사가 되었다.

을미년(1595)

● 5월

5월 15일.

조정의 교지(敎旨)를 보았는데, 우계(牛溪) 성혼(成渾)의 일에 대해 방백(方伯: 洪履祥)이 사실대로 변명하여 구원했다고 하였다.

乙未五月十五日。

得見朝旨, 則以牛溪成渾¹事, 方伯²伸救³云。

---

1 成渾(성혼, 1535~1598): 본관은 昌寧, 자는 浩原, 호는 默庵·牛溪. 1594년 石潭精舍에서 서울로 들어와 備局堂上·좌참찬에 있으면서 〈편의시무14조〉를 올렸다. 그러나 이 건의는 시행되지 못하였다. 이 무렵 명나라는 명군을 전면 철군시키면서 대왜 강화를 강력히 요구해와 그는 영의정 柳成龍과 함께 명나라의 요청에 따르자고 건의하였다. 그리고 또 許和緩兵(군사적인 대치 상태를 풀어 강화함)을 건의한 李廷馣을 옹호하다가 선조의 미움을 받았다. 특히 왜적과 내통하며 강화를 주장한 邊蒙龍에게 왕은 비망기를 내렸는데, 여기에 有識人의 동조자가 있다고 지적하여 선조는 은근히 성혼을 암시하였다. 이에 그는 용산으로 나와 乞骸疏(나이가 많은 관원이 사직을 원하는 소)를 올린 후, 그 길로 사직하고 연안의 角山에 우거하다가 1595년 2월 파산의 고향으로 돌아왔다.

2 方伯(방백): 경상도 관찰사. 洪履祥은 1594년 8월 3일에 제수되어 1596년 경기도 관찰사로 전보되기 전까지 경상도 관찰사로 있었지만, 영남 유생 文景虎 등이 成渾을 배척하는 상소를 올린 것에 대해 성혼을 두둔하다 安東府使로 좌천된 것은 1601년이기 때문에 원전의 내용은 착종된 듯함.

3 伸救(신구): 죄 없는 사람을 사실대로 변명하여 구원함.

병신년(1596)

● 1월

1월 16일。

조정에서 괴산(槐山) 수령으로 이봉(李逢)을, 옥천(沃川) 수령으로 박춘무(朴春茂)를 임명하고 아울러 조방장(助防將)을 겸하도록 하면서 이봉은 영적암(嶺赤巖)을 지키고 박춘무는 추풍령(秋風嶺)을 지키며 방문(榜文)을 여러 곳에 붙이게 했다고 하였다.

丙申正月十六日。

朝廷差槐山倅李逢, 沃川倅朴春茂¹, 幷兼助防將, 李則守嶺赤巖, 朴則守秋風嶺², 掛榜各處云。

---

1 朴春茂(박춘무, 1544~1611): 본관은 順天, 호는 花遷堂. 察訪을 거쳐, 1592년 임진왜란 때 倡義使가 되어 淸州의 福臺洞에서 의병을 일으키고 趙憲과 함께 청주성 탈환에 큰 활약을 하였다. 청주성 공략에서 남문을 맡아 야습을 감행하여 왜적을 퇴주시켰다. 鍼灸術이 뛰어나 醫官으로도 활약하였으며, 뒤에는 지방관으로 1597년 정유재란 때는 林川郡守를 역임하고, 이듬해는 富平府使를 지냈다.

2 秋風嶺(추풍령): 충청북도 영동군의 추풍령렴 추풍령리 당마루에서 경상북도 김천시 봉산면 황천리 죽막으로 넘어가는 고개.

정유년(1597)

• 1월

　일본이 화친(和親)하는 일을 이루지 못하고 결렬되었다는 이유로 재차 전쟁을 일으키려 하자, 주상은 다시금 파천하려는 의향이 있었으나 조정의 논의가 정해지지 않았다고 하였다. 그리하여 나는 조우인(曹友仁)·조정(趙靖)·황정간(黃廷幹)과 함께 주상이 친히 정벌하기를 상소하였다.

　이때 나는 여러 장수들과 함께 화왕산성(火旺山城: 창녕)에 있었는데 산양(山陽: 문경)의 의병들이 계속하여 들어왔고, 조기원(趙基遠)·조영원(趙榮遠)도 또한 의병 모집에 응하여 뒤좇아 이르러서 상의막(尙義幕: 상주 의병 막사)의 의병군 진용이 자못 정돈되고 엄숙하였다.

　이때 상주진(尙州鎭)은 소속 9개 군(郡)의 수령들이 모두 가솔들을 이끌고 선산(善山)의 금오산(金吾山: 金烏山의 오기)에 숨어 있었기 때문에 성주 목사(星州牧使) 이수일(李守一)을 수성장(守城將)으로 삼자, 성주(星州)·고령(高靈)·거창(居昌) 등지의 왜군들이 함께 모여 병영(兵營)에 둔치고 막사를 지어서 세력을 이루었다.

　완평부원군(完平府院君) 이원익(李元翼), 원수(元帥) 권율(權慄)·

곽재우(郭再祐)가 모여 왜적을 토멸할 계책을 논의하였는데, 곽재우 원수는 나를 천거하여 고령(高靈)의 왜적을 정벌케 하였고, 체찰사(體察使: 이원익)는 판관(判官) 정기룡(鄭起龍)을 불러 거창(居昌)의 왜적을 토벌케 하였다. 이때 우리 군대는 화왕성(火旺城)에 있었는데 격문(檄文)을 보고 출정할 채비를 하니 관군이 3천 여 명이었고 의병이 수백 명이어서, 선봉은 관군을 거느리고 먼저 출발하였고 나와 중위장(中衛將: 권용중)은 의병을 거느려 통솔하여 뒤따라 행군하였다.

丁酉元月。

日本, 以和事不成, 再動干戈, 上有復播之意, 廟議未定云。故余與曹友仁[1]·趙靖[2]·黃廷榦, 陳疏[3]請親征。是時, 余與諸將, 俱在火旺城, 而山陽[4]義旅, 接踵[5]而來, 趙基遠[6]·趙槃遠[7], 亦應

---

1 曹友仁(조우인, 1561~1625): 본관은 昌寧, 자는 汝益, 호는 梅湖·頤齋. 경상도 醴泉 출생이다. 1588년 사마시에 합격해 진사가 됐고 1605년 문과에 급제해 여러 벼슬을 지내다가 1616년에는 함경도경성판관을 지냈다. 1621년에는 製述官으로 있으면서 광해군의 잘못을 풍자했다가 그 글로 말미암아 3년간 옥고를 치렀다. 인조의 등극으로 풀려나 尙州의 梅湖에서 은거하며 여생을 마쳤다.

2 趙靖(조정, 1555~1636): 본관은 豊壤, 자는 安中, 호는 黔澗. 金誠一의 문인이다. 1592년 임진왜란 때 의병을 일으켜 활약하였고, 1596년 왜와의 강화를 배격하는 소를 올렸다. 1599년 천거로 참봉이 되고, 1603년 사마시에 합격한 뒤 1605년 좌랑으로 증광문과에 급제하였다. 1624년 李适의 난 때 공주까지 扈駕하였고, 그 뒤 벼슬이 봉상시정에 이르렀다.

3 陳疏(진소): 上疏. 임금에게 올리는 글.

4 山陽(산양): 경상북도 문경 지역에 위치한 고을.

募追到, 尙義幕之軍容, 頗整肅焉。

　時尙州鎭[8], 所屬九郡守宰, 幷率家眷, 隱於善山金吾山[9], 以星州倅李守一[10], 爲守城將, 星州·高靈·居昌等地倭兵, 合聚屯寨,

---

5　接踵(접종): 계속 뒤를 이어 일어남.

6　趙基遠(조기원, 1575~1652): 본관은 豐壤, 자는 景進, 호는 樵隱. 趙靖의 첫째아들이다. 1592년 임진왜란이 일어나자 아우 趙榮遠을 데리고 도체찰사 柳成龍 진중에 가서 標下兵으로 종군하였다. 또 1596년 왜적이 재침해 올 것이라는 소식을 듣고 郭再祐의 義陣에 들어가 火旺山城 전투에 참여하였다. 1606년 사마시에 셋째동생 趙弘遠과 함께 급제하였고, 1628년 천거로 동몽교관에 제수되었다. 사헌부감찰을 거쳐 1633년 황간현감을 지냈다.

7　趙榮遠(조영원, 1577~1640): 본관은 豐壤, 자는 景會, 호는 儒潭. 志氣가 굳세고 德行과 道學에 있어 남달라 남방의 여러 선비들이 그를 매우 중히 여겼다고 한다. 1621년 증광시에 급제하였으며, 從仕郞을 지냈다.

8　尙州鎭(상주진): 조선시대 尙州에 개설되어 첨절제사가 주관한 진.

9　金吾山(금오산): 金烏山의 오기. 경상북도 구미시·칠곡군·김천시의 경계에 있는 산.

10　李守一(이수일, 1554~1632): 본관은 慶州, 자는 季純, 호는 隱庵. 1583년 무과에 급제, 훈련원의 벼슬을 거쳐 1586년 小農堡權管이 되었다가 남병사 申恪의 막하로 들어갔다. 1590년 선전관이 되고, 다음해 장기현감으로 발탁되었다. 1592년 임진왜란이 일어나자 의병을 일으켜 분전했으나 예천·용궁에서 패전하였다. 다음해 밀양부사로 승진, 이어 경상좌도수군절도사에 발탁되고 왜적을 격퇴한 공으로 가선대부에 올랐다. 그 뒤 회령부사에 이어 1597년 나주목사에 임명되었으나 부임하지 않았다. 정유재란이 일어나자 지역의 중요성을 감안한 도체찰사 李元翼의 요청으로 성주목사가 되었으나 명령을 어겨 杖刑을 받고 종군하였다. 1599년 북도방어사가 되었다가 곧 북도병마절도사로 자리를 옮겼다. 1602년 남도병마절도사가 되어 변방을 침범하는 야인들의 소굴을 소탕했으며, 다음해 경상우도병마절도사가 되어 창원에 있는 병영을 진주로 옮기도록 하였다. 1606년 길주목사로 방어사를 겸하고, 다음해 수원부사에 이어 다시 북도병마절도사가 되고, 1611년 지중추부사로 지훈련포도대장·園圃提調를 겸하

結幕成勢。

李完平元翼[11]·元帥權慄·郭再祐, 會議討滅之策, 郭元帥薦
我, 征高靈賊, 體察使召鄭判官, 討居昌賊。時我軍, 在火旺城,
見檄治行, 官軍三千餘人, 義兵數百人, 先鋒領官軍先發, 余及
中衛, 治軍統率, 隨後行軍。

● 8월

8월 15일。

고령(高靈)에 이르러 도진(桃津)에 진(陣)을 치고 관죽전(官竹田)

였다. 1612년 평안도병마절도사가 되었다가 1614년 임기를 마치고 다시 지중추
부사가 되었으며, 1616년 숭정대부에 올랐다. 1624년 李适이 반란을 일으키자
평안도병마절도사로 부원수를 겸해 길마재[鞍峴]에서 반란군을 무찔러 서울을
수복한 공으로 振武功臣 2등에 책록되고, 鷄林府院君에 봉해졌다. 1628년 형
조판서가 되고, 1631년 南漢守禦使에 임명되었으나 사양하고 나가지 않았다.

11 李完平元翼(이완평원익): 李元翼(1547~1634). 본관은 全州, 자는 公勵, 호는
梧里. 벼슬이 영의정에 이르렀으나 청빈한 생활을 했으며, 병제와 조세제도를
정비하여 1587년 이조참판 權克禮의 추천하여 安州牧使로 있을 때 六番制를,
1608년에 대동법을 실시하는 데 공헌했다. 이러한 공로에 힘입어 대사헌·호조
및 예조의 판서를 지냈다. 이조판서 때 임진왜란이 일어나자 평안도 도순찰사
가 되어 왕의 피란길에 호종하고, 1593년 李如松과 합세하여 평양 탈환작전에
공을 세워 평안도관찰사가 되었으며, 1595년 우의정에 올라 陳奏辨誣使로 명
나라에 다녀온 후 1598년 영의정이 되었는데, 柳成龍을 변호하다 사직하였다.
1600년에는 좌의정을 거쳐 도체찰사에 임명되어 영남지방과 서북지방을 돌아
보았다. 1604년 임진왜란 때의 공적으로 扈聖功臣에 책훈되고 完平府院君에
봉해졌다.

가에까지 나아갔다가 왜적을 만나 서로 싸웠는데, 우리 군사들이
적진의 중앙을 부딪치며 돌진해 들어가 왜적의 우두머리를 베어
죽였지만 적군들이 사방에서 우리의 진(陣)을 포위하자, 의병장이
구제하려고 진격했다가 또한 적진의 포위망 속에 있게 되어서 매우
어려운 처지에 놓였다. 중위장(中衛將) 권용중(權用中)이 갑자기 전
날 꾸었던 꿈의 징조를 깨닫고서 모래를 움켜쥐고 흩뿌리며 입으로
풍운부(風雲符)를 세 차례 외우니 별안간 바람에 날리는 모래가 크
게 일어나, 적들의 장수와 병졸들이 눈을 뜨지 못하고 넋을 잃은
듯 손 쓸 바를 모르더니 갈팡질팡 흩어져 달아나려다 자기들끼리
서로 짓밟고 짓밟혔다. 그리하여 아군은 승세를 타고 왜적을 추격
하여 대파하였으니, 이번의 승리는 실로 중위장의 꿈을 통해 보여
준 것에 힘입었다.

　또 거창(居昌)에 이르러 녹가전(綠槶田: 綠價田의 오기)에 주둔하
니 적진은 용담천(龍膽川) 가에 있어서, 강물을 사이에 두고 서로
대치하며 진격하였다가 퇴각하는 것이 일정하지 않았다. **정기룡(鄭
起龍)** 판관(判官)의 선봉 이희춘(李希春)과 **황치원(黃致遠)** 등이 왜적
과 이동현(李銅峴) 아래에서 전투하다가 적에게 포위되자, 내가 중
위장 권용중(權用中)·선봉장 최대립(崔大立)·막좌(幕佐) 김득룡(金
得龍)과 함께 힘을 합쳐 함께 나아가 화살촉과 칼날들이 겹겹으로
뒤엉킨 진중에서 두 장수를 구하고 벗어나 **화왕성(火旺城)**으로 돌
아왔다. 하지만 대장 권의중(權義中)은 출전했을 때 정강이뼈에 화
살이 박혀서 탕약과 돌침으로 치료하였는데, 얼마 되지 않아 회복

하자 군중(軍中)이 전처럼 안정되었다.

八月十五日。

抵高靈, 陣于桃津[12], 進至官竹田[13]之下, 遇賊相鬪, 我軍衝突
賊陣之中, 斬獲巨魁, 而賊陣四匝吾陣, 義將欲救濟, 進亦在圍
中, 困在劾心[14]。權中衛, 忽覺前日之夢兆, 握沙抛散, 口誦風雲
符三聲, 忽地[15]風沙大起, 彼之將卒, 闔眼失魂, 莫知措手, 迷奔
潰, 自相踐踏[16]。故我軍因勝勢, 追擊大破之, 今番之捷, 實賴中
衛夢賚之力也。

又赴居昌, 駐綠檟田[17], 則賊陣在龍膽川邊, 隔水相距[18], 進退
無常。鄭判官之先鋒, 李希春[19]·黃致遠等, 與敵戰于李銅峴下,

---

12 桃津(도진): 경상북도 高靈郡 牛谷面에 속한 마을. 桃津은 1350년 고려 말에
    개척된 마을로 '會川' 또는 '錦川'으로 불리는 '모듬내'가 휘감아 흐르는 강변이
    陶淵明의 桃花源記에 나오는 武陵桃源처럼 아름답다 하여 '桃源'으로 불리다
    가 1500년경부터 그곳에 있는 나루터 때문에 '도원의 나루터' 즉 '桃津'이란 지
    명으로 불리게 되었다. 임진왜란 때는 의병이 일어나 인근에 왜군에게 항거한
    흔적이 많이 남아 있다.

13 官竹田(관죽전): 조선시대에 국가기관의 수요를 충당하기 위하여 기르던 대밭.
    工曹에서 관장하여 주로 화살 만드는 대를 길렀다.

14 困在劾心(곤재핵심): 困在垓心의 오기. 경우 처지 따위가 몹시 어려움.

15 忽地(홀지): 홀연. 별안간. 문득.

16 自相踐踏(자상천답): 자기들끼리 서로 짓밟고 짓밟힘.

17 綠檟田(녹가전): 綠價田의 오기. 경상북도 高靈에 있는 땅이름.

18 相距(상거): 相拒의 오기인 듯.

19 李希春(이희춘, 1562~?): 본관은 報恩, 자는 景順. 秉節校尉를 지냈다.

爲賊所圍, 余與權中衛·崔先鋒·金幕佐, 合力幷進, 救兩將於鏑
鋒重疊之中, 脫歸火旺城。而大將出戰之時, 鏃入脛骨, 以藥
石²⁰治療, 未幾日復常, 軍中安堵如故。

● 9월

9월 15일。

병사들을 이끌고 적을 추격하는데 비안(比安)을 거쳐 경주(慶州)에
도착해, 좌병사(左兵使: 成允文) 및 명나라 장수 7명을 만나서 연합하
여 구내역(九內驛)을 공격해 적을 무찌르고 우두머리를 죽였다.

九月十五日。

引兵追, 過比安²¹, 到慶州²², 遇左兵使²³及天將七員, 合擊九
內驛²⁴, 殲滅賊酋。

---

20 藥石(약석): 약과 침.
21 比安(비안): 경상북도 의성 지역에 위치한 고을.
22 慶州(경주): 경상북도 남동부에 위치한 고을.
23 左兵使(좌병사): 成允文을 가리킴.
24 九內驛(구내역): 경상북도 경주성 가까운 곳에 있던 驛.

● 10월

10월 2일。

우리 의병진의 장수와 병졸들이 모두 **산양**(山陽)으로 돌아오는
데, 지나왔던 곳곳의 마을들은 모조리 잿더미로 변하고 농지는 황
무지가 되어 사람들로 하여금 눈물을 흘리게 하여 옷깃을 적셨다.
그러나 우리는 의병을 일으킨 지 여러 해 동안 화살과 돌이 날아드
는 위험 속에 드나들면서도 전군(全軍)이 별다른 사상자가 없었다.
하지만 의병을 미처 해산하지 않은 것은 여전히 뒷날의 염려가 남
아 있기 때문이었다.

간접으로 전해 듣건대 지난 3월 10일에 주상(主上)이 정기원(鄭期
遠)을 명나라로 보내어 중국 조정에 들어가서 다시 도와주기를 청
하게 하였는데, 명나라 조정이 강화하는 것으로 이미 결정지었다
며 청을 들어주지 않자, 정기원이 그 원통함을 밝히고자 스스로
목을 매어 죽겠다고 하니, 황제가 감응하여 곧 요절병(遼浙兵: 요동
과 절강 출신의 정예군) 7천 명을 징발해 우선 보내겠다고 하였다.

十月二日。

我陣將卒, 俱還山陽, 所過閭閻, 沒入灰燼, 田野荒蕪, 使人淚
滿襟。然我卽起兵多年, 出沒矢石危險之中, 而全軍別無死傷。
然猶未釋兵, 尚有後慮。轉聞去三月十日, 自上送鄭期遠[25], 入

---

25 鄭期遠(정기원, 1559~1597): 본관은 東萊, 자는 士重, 호는 현산(見山). 1585년

告中朝, 復請援助, 天朝以講, 已定不許, 鄭公以明其寃, 自誓縊
死, 皇帝感悟, 乃發遼浙兵[26]七千, 爲先出送云。

● 12월

12월 7일。

판관(判官) 정기룡(鄭起龍)이 경상도 우병사(右兵使)로서 김산(金
山: 金泉)의 적을 토벌하러 가다가 아천(牙川) 마을에서 그들을 대파
하였다. 살아남은 왜적들이 상주(尙州)를 향해 달아나자 그들을 뒤
쫓아 깨려하니, 적들은 상주성에 들어가 점거하고 종종 성 밖으로
나와 약탈을 하였다. 그리하여 내가 3백 명의 의병을 거느리고 검
호(儉湖: 공갈못)를 거쳐 행점(杏店: 살구점)에 이르니, 여기저기 다니

식년 문과에 급제해 승문원주서가 되었다. 이후 사헌부감찰에 제수되었다가 호
조·형조·공조의 좌랑 등을 역임했고, 1589년 사간원정언에 임명되었다. 1592년
임진왜란 때 謝恩使의 서장관으로 명나라에 갔다가 1594년 의주 行在所에 복명
한 뒤 병조좌랑에 제수되어 춘추관기사관을 겸했다가 곧 정랑에 임명되었다.
그해 가을 안악현감에 제수되고, 이듬해 병조정랑을 거쳐 사헌부장령 겸 지제교
가 되었다. 이후 사간원헌납·홍문관수찬·시강원문학·사간원사간·종부시정·
승정원동부승지·우부승지 등을 역임하였다. 1596년 告急奏聞使로 다시 명나라
에 가서 沈惟敬이 강화회담을 그르치고 왜군이 다시 침입해올 움직임이 있음을
알렸다. 1597년 정유재란 때 예조참판으로 명나라 부총병 楊元의 接伴使가 되어
남원에 갔다가 왜군과 싸우는 도중 남원성에서 여러 장수들과 함께 전사했다.
하지만 양원은 왜군이 물려와 남원성이 함락되기 전에 도망갔다.

26 遼浙兵(요절병): 遼東과 浙江의 병사. 弓馬와 砲槍에 능한 정예병이다.

며 노략질하던 왜적 5명을 만나 백갈산(白葛山) 아래에서 그들을
죽였다.

이달에 의병들을 이끌고 본진으로 돌아와 주둔하여 머물렀다.

十二月七日。

鄭判官, 以右兵使[27], 往討金山賊, 於牙川村[28]大破之。餘倭逃

---

27 右兵使(우병사): 鄭起龍이 慶尙右道節度使로서 치계한 것이《선조실록》1597
    년 12월 9일자의 2번째 기사에 나옴. "신이 삼가 有旨를 받드니, 중국의 대군이
    남하할 적에 도원수의 장계에 의거하여 군인을 整齊여 맞이하라는 것이었습니
    다. 신의 소속인 각 고을의 군병에 대해 책자를 만들어 올립니다. 우도 31고을
    내에 金海·熊川·巨濟·昌原·漆原·鎭海·固城·咸安·晉州·泗川·南海·河
    東·昆陽·丹城·山陰 등 고을은 현재 흉적이 웅거하고 있어 인민이 사방으로
    흩어졌으므로 군병을 조발할 길이 전혀 없고, 咸陽·安陰·三嘉·宜寧 등 고을
    은 다 적의 소굴과 아주 가까운 고을이어서 적이 출입하면서 분탕질 하고 있습
    니다. 신은 三嘉에 머물면서 진주와 단성의 적을 날마다 무찌르고 있었는데
    도원수의 분부에 '산음의 적이 함양과 안음 등지에서 멋대로 횡행하며 인민을
    노략질 하니 제때에 무찌르지 않을 수 없다.'고 하기에, 신이 군사를 거느리고
    안음현으로 달려가 적로를 차단하였습니다. 그러나 삼가 현감 申孝業의 치보에
    '진주에 주둔하고 있던 적이 의령에서 일제히 다 나왔고 단성의 적도 나와서
    삼가 땅의 大坪里 岳堅山城 등지와 陜川 경계의 栢叱山 등지를 꽉 메우고 온
    들판에 퍼져 분탕질 하고 있다.'고 하였습니다. 적세가 날로 더 극성하여 우도의
    각 고을에 충돌하지 않는 곳이 없어서 백성들이 정착할 겨를이 없습니다. 이
    나머지의 12고을에서 분부받은 군인에 대해서는 아무리 생각해 보아도 그 수효
    를 채울 도리가 없을 듯 싶습니다. 너무도 염려스러워서 이 사정을 도원수에게
    치보하고 적세의 去留와 형세에 대해서도 다시 정탐한 다음 치계할까 합니다."

28 牙川村(아천촌): 경상북도 金泉의 어모면에 있는 마을. 아천이라는 지명은 이
    마을 앞에서 어모천이 굽이쳐 돌아간 형세가 어금니와 같아 어금니아(牙)자와
    禦侮川의 천(川)자를 따서 牙川이라 했다고 하는데 실제로 일대 지도를 보면
    어모천의 형세가 U자형으로 굽어져 있음을 확인할 수 있다. 아천은 크게 서명

向尙州, 追而擊之, 賊入據州城, 往往出外抄掠。故余領三百義
卒, 過儉湖[29], 至杏店[30], 遇行掠倭五名, 殺之於白葛山下。是月,
引兵歸本寨, 留屯焉。

골, 넘박골, 용왕골, 마랏들 등 네 구역으로 나뉜다.

29 儉湖(검호): 경상북도 상주에 있는 공갈못을 일컬음. 공갈못은 옛 古寧伽倻의
땅이다. 고려 현종 때는 咸昌縣 南面에 속했다. 이 못은 '功建·堤公倦堤·空骨
池·恭儉池·恭儉·儉湖·公儉湖' 등의 한자표기가 있다.

30 杏店(행점): 살구점. 경상북도 김천시 남면 松谷里를 가리킨다.

무술년(1598)

● 7월

7월 10일。

들건대 명나라 군대가 다시 와서 괴산(槐山)과 충주(忠州) 및 전주(全州) 세 고을로 나뉘어 웅거하고는 둔전(屯田)을 일구면서 오랫동안 머물 계획이라고 하였다.

戊戌七月十日。

聞天兵復來, 分據槐山·忠州及全州三邑, 起屯田[1], 以爲久留之計。

● 8월

8월 2일。

또 들건대 마귀(麻貴)와 유정(劉綎) 두 장군이 1만여 명의 군졸을 거느리고서 남쪽 지방으로 내려오다가 문득 또 위쪽으로 올라간

---

1 屯田(둔전): 지방에 주둔한 군대의 군량이나 관청의 경비에 쓰도록 지급된 토지.

것은 중국 조정의 병부상서(兵部尚書) 석성(石星)이 화친을 주장하였기 때문으로 다시 군대를 동원할 수 없다며 굳게 고집하여 허락하지 않아서인데, 중국 조정의 과관(科官: 科道官) 서성초(徐成楚)가 아뢰었다.

"중국의 조정이 조선을 버리는 것은 서슴없이 자신의 울타리를 거두어들이는 것과 같사옵니다. 청컨대 석성(石星)에게 죄를 주시고, 속히 구원병을 보내시옵소서."

八月二日。

又聞痲劉[2]兩將, 率萬餘軍卒南下, 旋又上去, 中朝兵部尚書石星[3]主和, 故不可更動軍旅, 堅執不許, 中朝科官[4]徐成楚[5], 奏曰:

---

2 痲劉(마유): 명나라 제독 痲貴와 劉綖. 마귀는 1597년 정유재란 때, 명나라가 파견한 조선 원병의 제독으로 군사를 거느리고 들어왔다. 그해 12월 도원수 權慄과 합세하여 울산에 내려가서 島山城을 포위공격을 하였으나 적장 구로다 나가마사[黑田長政]가 이끄는 일본군에게 패하여 경주로 후퇴하였다. 1598년 萬世德이 거느린 14만 원군을 따라 들어와 또 동래로 내려가 도산성을 공격하였으나 성과를 올리지 못하고, 일본군의 철수로 귀국하였다.

3 石星(석성, 1538~1599): 명나라 神宗 때 文臣. 隆慶 초에 글을 올려 內臣들이 방자하고 원칙이 없는 것을 지적했다가 廷杖을 맞고 쫓겨나 평민이 되었다. 萬曆 초에 재기하여 兵部尚書까지 올랐다. 임진왜란 때 조선을 구원했다. 妄人 沈惟敬의 말을 믿어 貢議에 봉하자고 강력하게 주장하고, 豊臣秀吉을 일본국왕에 봉하는 것이 좋겠다고 말했다. 그러나 일이 실패한 뒤 관직을 삭탈당하고 하옥되었다가 죽었다.

4 科官(과관): 科道官. 吏·戶·禮·兵·刑·工 六科의 給事中과 都察院의 十五道監察使를 통칭한 관명. 모든 관원의 잘잘못을 규찰하는 사찰 기관이다.

5 徐成楚(서성초, 1553~1602): 명나라 神宗 때의 文臣. 1586년 급제한 후, 禮科

"中朝之棄朝鮮, 便同自掇藩籬[6]也。請罪石星, 急送援兵。"云。

● 10월

10월 15일。

명나라 장수인 제독(提督) 마귀(麻貴)는 경주(慶州)로부터 진격하여 서천(西川)의 적을 포위하였고, 동이원(董二元: 董一元의 오기)은 성주(星州)로부터 진격하여 사천(泗川)의 적을 포위하였고, 제독 총병(提督總兵: 提督漢土官兵禦倭總兵官) 유정(劉綎)은 진격하여 예교(曳橋)의 적을 포위했는데, 세 장군이 동시에 거사하여 9월 20일부터 적을 포위한 지 한 달 남짓에 동일원이 먼저 철군하였고, 유정도 또한 똑같이 그러하였으며, 마귀도 비록 철군하였지만 적의 머리를 벤 것이 가장 많았는데 군졸들이 온전했다고 하였다.

이로써 말하건대 명나라 군대의 도움은 또한 전적으로 믿기 어려우니, 왜적을 토벌하여 복수하는 계책은 다만 우리나라의 충성스럽고 의로운 선비들에게 달려 있을 따름이다.

十月十五日。

天將提督麻貴, 自慶州進, 圍西川[7]賊, 董二元[8], 自星州進, 圍

給事中과 兵科都給事를 지냈다.

6 藩籬(번리): 울타리. 풀이나 나무 따위를 얽거나 엮어서 담 대신에 경계를 지어 막는 물건.

泗川⁹賊, 提督劉綎進, 圍曳橋¹⁰賊, 三將同時擧事, 自九月二十
日, 圍賊月餘, 董先退兵, 劉亦同然, 麻雖退兵, 然斬級最多, 軍
卒完全云。以此言之, 天兵之助, 亦難專恃, 討復之策, 祗在乎
我國忠義之士而已。

● 12월

12월 10일。

듣건대 통제사(統制使) 이순신(李舜臣)이 사천(泗川)과 예교(曳橋)
두 곳의 왜적을 공격하여 사망자가 비록 많았으나 통제사가 왜적의
탄환에 맞아 병들어 군중(軍中)에 누웠다고 하니, 놀라고 염려하는
나의 마음이야 전혀 대단할 뿐이 아니었다.

十二月十日。

聞統制使李舜臣¹¹, 來攻泗川・曳橋兩倭, 死亡雖多, 然統制使

---

7 西川(서천): 경상북도 영주시 안정면 생현리에서 시작하여 문수면 수도리 내성
   천으로 합류하는 지방하천.

8 董二元(동이원): 董一元의 오기. 명나라 장군. 임진왜란 때 대군을 이끌고 조선
   에 파병되었으나 泗川싸움에서 패배하였다.

9 泗川(사천): 경상남도 남부에 위치한 고을.

10 曳橋(예교): 전라남도 順天 望海臺의 옛 이름. 1597년 왜장 小西行長이 머물
    던 곳으로, 본시 倭橋라 불렀는데, 轉音되어 曳橋로 불리었다.

11 李舜臣(이순신, 1545~1598): 본관은 德水, 자는 汝諧. 임진왜란 때 일본군을

中丸, 病臥軍中云, 驚慮之忱, 不啻萬萬。

12월 12일。

들건대 조정에서 붕당의 논쟁이 다시 일어나 갈수록 더욱 어긋나서 나라 밖의 적을 내몰아 쫓아내는 것보다 더 심하다고 한다.

아! 우리 동방은 한양(漢陽)에 도읍을 정하고 의관과 문물이 중화(中華)와 비길 만하여서 지극한 정치를 이룩한 지 이제 거의 2백 년인데도 나라의 운수가 불행하여 왜적이 침략해 전에 없었던 이와 같은 변란을 맞게 되었다. 그러나 다행히도 신하와 백성들이 충성을 다하여 나라에 보답하려는데 힘입어 옛 도읍을 거의 부흥했지만, 교활한 토끼가 아직도 엿보고 있으며 포환도 아직 식지 않았다.

당당한 교목세가(喬木世家: 나라의 운명과 함께하는 집안)의 후예들이 저마다 공을 시기해 의심하거나 꺼려서 서인(西人)으로 남인(南人)으로 나뉘어 갈라져 잘잘못을 따지는 데에 기세와 열기를 뿜어대니, 홍수와 맹수보다 더 심한 해로움이 있었다. 하늘에 있는 열성조(列聖朝)의 혼령이 "어찌 기꺼이 사직(社稷)의 신하로 조아(爪牙)와 고굉(股肱) 같은 사람이 있다."고 하겠는가. 한탄스러워하고 애석해 마지않는다.

물리치는데 큰 공을 세운 명장으로, 옥포대첩, 사천포해전, 당포해전, 1차 당항포해전, 안골포해전, 부산포해전, 명량대첩, 노량해전 등에서 승리했다. 노량해전에서 전사한 날이 1598년 11월 19일이니, 아마도 시차를 두고 전사 소식이 전해진 것으로 보인다.

十二日。

聞朝廷朋論更起, 去益乖戾, 有甚於外寇之驅逐。噫! 我東邦,
定鼎¹²于漢陽, 衣冠文物, 侔擬中華, 以臻至治, 殆二百年于玆,
而邦運不幸, 外寇侵掠, 遭此無前變亂。而幸賴臣民之竭忠報
國, 庶幾興復舊都, 以狡免尙窺, 炮丸未冷也。以堂堂喬木世
家¹³之雲裔, 各自猜功疑忌, 分裂西南, 計較長短, 昌熾氣炎, 有
甚於洪猛之害。列聖朝在天之靈, 豈肯曰: "社稷之臣, 有爪牙股
肱¹⁴之人乎哉." 不勝歎惜。

---

12 定鼎(정정): 도읍을 정함. 새로운 왕조를 개창함을 가리킨다.

13 喬木世家(교목세가): 여러 대를 중요한 지위에 있어서 나라와 운명을 같이하는
    집안. 대대로 門閥이 높고 자기 집안의 운명을 나라의 운명과 함께하는 집안이다.

14 爪牙股肱(조와고굉): 임금을 든든하게 보위하는 신하를 뜻하는 말. 《詩經》〈祈
    父〉의 "기보는 우리 왕의 조아이다.(祈父, 予王之爪牙.)"와 《書經》〈益稷〉의
    "신하들은 짐의 고굉과 이목이다.(臣作朕股肱耳目.)"에서 나오는 말이다.

참고자료

행장(行狀)*

김만수(金晩秀)

공(公)의 이름은 상증(尚曾)이요, 자는 사성(思省)이며, 호는 성재(省齋)이고, 계출(係出: 본관)은 탐라(耽羅: 제주)이다. 고려 문종(文宗) 때 고영신(高令臣)은 관직이 이부상서(吏部尚書)에 이르렀고 시호는 양경(良敬)이다. 계속하여 내직과 외직의 높은 벼슬이 이어져 뒷날 대명(大明)은 합문지후(閤門祗候)를 지냈고, 그의 아들 영(瑛)은 판도판서(版圖判書)로 개성군(開城君)에 봉해졌다. 영의 아들 사원(士原)은 조선 태종(太宗) 때에 예문관 직제학에 올랐고 학행과 문장이 뛰어나 세상에서 받들어졌는데(협주: 《축산읍지(竺山邑誌)》에 실려 있다.), 이때 서울에서 내려와 축산의 태동(泰洞)에 살 곳을 정하였으니, 이 분이 공의 5대 조부이다.

고조부 약회(若淮)는 전라좌도 수군절도사이고, 증조부 수연(壽延)은 재능과 도량이 우뚝하고 빼어났으며 의로운 행실이 세상에

---

* 여기에 실린 행장의 번역문은 『성재 고상증의 〈용사실기〉에 나타난 문경의 임진왜란사』(문경시 문화관광과, 2015)의 156~177면을 옮긴 것이다. 이 책의 참고자료로 수록할 수 있게 허락해준 경상북도 문경시 문화관광과에 정중히 감사를 표한다.

드러났다. 어영부장(御營部將)으로 임금을 모셨는데, 세조(世祖) 때에 위기가 닥쳐올 것을 알고 벼슬에서 물러나 집에서 한가롭게 지냈으며, 수직(壽職)으로 통정대부에 올랐다. 조부 극공(克恭)은 음보(蔭補)로 충의교위(忠毅校尉)가 되었고, 뒤에 장례원 판결사에 증직되었다.

아버지 천우(天佑)는 한성부 우윤에 증직되었고, 어머니는 정부인(貞夫人) 신천 강씨(信川康氏)로 습독(習讀) 희언(希彦)의 따님인데, 명종(明宗) 경술년(1550)에 공(公)을 낳았다. 공은 타고난 자질이 총명하고 재주와 기량이 명석하고 민첩하였다. 어렸을 적에 아버지께 배웠는데, 글자의 뜻을 얼음이 녹듯이 이해하였고, 글씨는 정교하고 힘이 있었다.

7세 때 《소미사(少微史)》를 배워서 힘들게 공부한 지 4년 만에 문리(文理)가 탁 트여 글을 해석함이 정밀하고 자세하였다. 공부하라고 번거롭게 독려하지 않았으나 부지런히 힘써 게으르지 않았고, 왕왕 글과 말 사이에 드러나는 것이 비연(斐然: 찬란하고 아름다움)하여 볼 만한 것이 있었다.

몸에는 남을 업신여기는 태도가 없었고, 입으로는 이치에 맞지 않는 말을 하지 않았으며, 매양 글을 읽을 때는 의로움과 이익을 밝게 분별하여 털끝만 한 차이도 분석하였다. 책을 많이 읽고 잘 기억하는 능력과 문장을 논하고 글을 짓는 법은 일찍부터 남들이 미치지 못하는 것이 있어서, 고을의 어질고 덕이 높은 이들이 보고는 장차 큰 인물이 될 것이라고 기대하였다.

알아도 마치 모르는 것처럼 하였고, 충실하면서도 마치 부족한 듯이 하였다. 매번 친구에게 편지를 쓸 때는 한 글자라도 바르게 쓰지 않았다면, 반드시 붓을 고쳐 쥐고 바르게 쓰고는 말하기를, "글자를 쓰는 법식은 필히 심획(心劃: 마음으로 쓴 글씨)을 근본으로 삼아야 하는데, 어찌 한 치, 한 푼이라도 대수롭지 않게 여기겠는가?"라고 하였으니, 그 공경하고 삼가며 신중하고 엄격함이 이와 같았다.

뜻을 세우고 행실을 다스림에는 한결같이 소박하고 정직함을 으뜸으로 삼아, 만물의 근본이 되는 곳에 힘을 기울이고 이치에 가까운 공부에 마음을 두었다. 일찍이 말하기를, "공자는 사람이라고 하면서 우리는 사람이 아니란 말인가? 공자는 타고난 성(性)을 보전한 분이라고 하면서 우리는 타고난 성을 보전할 수 없는 사람이란 말인가? 오직 거경(居敬: 성리학의 수양 방법)하여 앎을 이룩하고 어진 사람이 되기를 소망하여 유학의 가르침을 짊어지는 것을 나에게 부과된 책임으로 삼을 따름이다. 구차스럽게 잘못된 옛것을 답습하며 유학의 도리를 포기하여, 몸소 실천하고 마음으로 깨닫는 공부에 힘쓰지 않으면, 이는 한갓 구이지학(口耳之學: 천박한 배움)이니 무슨 보탬이 있겠는가?"라고 하였다.

살림이 넉넉하지 않았으나 남이 주린다는 말을 들으면 밥을 주었고 추워하는 사람을 보면 옷을 입혀 주니, 흉년이 들어서 의지할 데가 없는 사람들이 마치 자애로운 어머니처럼 우러렀다. 계사년(1593)과 갑오년(1594) 사이에 또 큰 흉년이 들자 곡식 창고를 털어

서 친척과 인척 및 친구와 이웃을 도와주었고, 마을의 무지렁이와
하인들까지 한 명도 흩어지거나 굶주려 죽게 하지 않았으니 고을의
선비들이 이 시대의 범중엄(范仲淹)과 곽원진(郭元振: 郭震)으로 여
겼다.

　어버이를 모심이 한결같아서 날마다 지체(志體: 養志와 養體)의
봉양을 갖추었고, 제사를 받들 때는 슬퍼하고 공경하는 정성을 다
하였다. 사물을 바르게 인식하여 앎을 이룩하고 뜻을 참되게 하여
마음을 바르게 하는 공부를 하고, 그릇됨과 올바름, 중화(中華)와
오랑캐의 차이를 밝게 구별하여 꿋꿋이 유학의 바른 맥을 돕고 요
사스러운 주장을 배척하는 뜻을 가졌다. 고을과 도내의 덕 있는
군자에게 나아가 공부를 하였는데, 그들의 생활과 행동이 강론(講
論)과 휘지(徽旨)에 털끝만큼의 차이만 있어도 향원(鄕愿)이라고 여
겨서 뒤도 돌아보지 않고 떠나버렸다. 해마다 정월 초하룻날부터
섣달 그믐날까지 일기를 썼는데 잠시라도 그만두지 않았다.

　을유년(1585)에 아버지 상을 당하여 슬픔으로 몸이 야위어 거의
목숨이 끊어질 듯하였으나, 상례(喪禮)를 치르는 절차와 슬퍼하는
마음이 모두 지극하였고, 함수(含襚)와 양봉(襄奉: 장례)을 모두 주
문공(朱文公: 朱熹)의 《가례(家禮)》에 따랐다. 삼년상이 끝나자 거처
하던 동쪽에 움집 한 채를 짓고 그 남쪽에 못을 만들어 꽃과 대나무
를 심어서 늘그막을 보낼 계획을 세웠다. 대문을 닫아걸고 세상에
서 벗어나 집에만 있으면서 시와 예를 힘써 공부하니, 책 상자를
짊어지고 와서 배우기를 청하는 학생이 많았다.

이때에 나이 어린 학생이 바야흐로 《추서(鄒書: 맹자)》를 읽다가 옷깃을 여미고 공손한 얼굴로 여쭙기를, "공자께서 돌아가시고 난 뒤에 맹자가 그 가르침의 핵심을 전해 받았으므로 성인(聖人)의 가르침을 구하여 보려는 자는 반드시 《맹자(孟子)》로 시작해야 한다고 하였고, 선유(先儒: 韓愈)가 말하기를, '지난날 맹자가 없었다면, 우리는 모두 옷깃을 왼쪽으로 여미고 오랑캐 말을 하게 되었을 것이다.'라고 하였으며, 또 말하기를, '맹자의 공로는 우(禹)임금보다 못하지 않다.'라고 하였으니, 어째서입니까?"라고 하였다.

공이 말하기를, "홍수는 사람의 몸을 빠지게 하고 이단(異端: 옳지 않은 가르침)은 사람의 마음을 빠져들게 하는데, 마음이 빠지는 재앙이 몸이 빠지는 재앙보다 심하다. 그러므로 '양묵(楊墨: 양자와 묵자)의 주장을 물리친 공로가 우임금이 홍수를 다스린 것보다 못하지 않다.'고 말하는 것은 이 때문이다."라고 하였다.

또 여쭙기를, "오무(五畝: 땅 넓이) 정도의 집터 주변을 빙 둘러서 뽕나무를 심는다면 50살 먹은 이가 비단옷을 입을 수 있다고 하였는데, 50살이 넘은 뒤에 비단옷을 입는다는 것이 무슨 뜻입니까?"라고 하자, 대답하기를, "이는 옛날의 어진 임금께서 품절(品節: 등급을 정하여 차례로 조절하고 제한함)한 뜻이니, 백성을 인도하고 어른을 높여서 절약하여 쓰고 부지런히 생활하는 방법이다. 그 생각이 어찌 젊은 사람에게 비단옷을 입히고 싶지 않았겠는가마는, 쓸 수 있는 재물이 넉넉하지 않다면 어른이 도리어 마땅히 받아야 할 것을 받지 못하게 된다. 가의(賈誼: 前漢의 학자)가 말하기를 '옛날에

천하를 다스리는 사람은 지극히 섬세하고 지극히 갖추었다. 그러
므로 그 축적한 것이 충분히 믿을 만하였다.'고 하였으니, 또한 품
절의 뜻과 같다."라고 하였다.

또 여쭙기를, "맹자께서 말씀하시기를, '측은(惻隱)한 마음이 없
으면 사람이 아니다.'라고 하셨는데, 선생님은 '사단(四端)은 정(情)'
이라고 하셨습니다만, 맹자께서 모두 마음으로 말씀하시면서도 믿
음[信]을 말하지 않은 것은 어째서입니까?"라고 하였다.

대답하기를, "마음이 본성과 감정을 다 통솔하기 때문이다. 그러
므로 인의예지는 본성이고 사단은 감정이니 모두 마음으로 이름을
붙인 것이다. 이는 대체로 마음이 본성과 감정을 통솔하는 것으로
말했을 따름이다. 믿음을 말하지 않은 것은 믿음이 오상(五常)에
있어서는 오행(五行)에서의 토(土)와 같기 때문이다. 오행은 토가
아니면 스스로 설 수가 없으나 토는 정해진 위치가 없고(협주: 토는
중앙을 담당하므로 정해진 위치가 없음), 오상은 믿음이 아니면 존재할
수 없으나 믿음이 사단처럼 하나의 실마리가 되는 것은 아니다.
그러므로 《중용(中庸)》에서 이르기를, '성(誠)은 만물의 시작과 끝
이니 성이 없으면 만물도 없다.'고 하였는데, 이는 정 부자(程夫子:
程頤)의 말씀에 이미 자세하게 나타나 있다."라고 하였다.

"감히 여쭙습니다. 맹자께서 이르시기를, '백이(伯夷)는 너무 좁
고, 유하혜(柳下惠)는 너무 공손하지 못하다.'고 하였습니다. 그러
나 정이(程頤)와 장재(張載)는 모두 너무 좁고 너무 공손하지 못한
것을 백이와 유하혜의 허물이라고 여기지 않고 말류(末流: 번잡스럽

고 보잘것없는 유파)의 폐단이라고 주장하였는데 어째서입니까?"라고 하였다.

대답하기를, "여러 선생들의 뜻이 두텁구나. 그러나 맹자의 말씀을 살펴보면, 그 뜻이 반드시 꼭 그렇다고 할 수는 없다. 백이의 깨끗함은 곧 너무 좁은 폐단이 있게 되고 유하혜의 온화함은 바로 너무 공손하지 못한 폐단이 있으나, 깨끗함과 온화함의 바깥에 따로 너무 좁고 너무 공손하지 못한 것이 있는 것은 아니다. 깨끗함이 지극한 경지에 도달하면 문득 너무 좁다는 생각이 있게 되고, 온화함이 지극한 경지에 도달하면 문득 너무 공손하지 못하다는 생각이 있게 되는데, 깨끗하고 온화하여 거룩한 경지에 이른 것은 덕행과 조예가 지극함을 말한 것이요, 거룩한 경지에 이르렀으나 너무 좁고 너무 공손하지 못하다는 허물을 벗지 못한 것은 덕행과 조예가 지극하지만 치우침이 있기 때문이다. 만약 깨끗함과 온화함이 너무 좁고 너무 공손하지 못한 것과 더불어 두 가지가 된다면 옳지 않다."라고 하였는데, 이처럼 문하생들의 질문에 대해서 분명하게 해석해 준 것이 자못 상자에 가득할 정도로 많을 것이나 자세하게 실려 있지는 않다.

집에서 생활할 때는 일찍 일어나 세수하고 머리를 빗고 가묘(家廟: 사당)에 배알한 뒤에 조용히 책상을 마주하고 성현(聖賢)의 심법(心法)을 익히고 탐구하였다. 날이 저물면 반드시 대문과 방문을 다고 음풍농월(吟風弄月: 맑은 바람과 밝은 달을 대상으로 시를 짓고 흥취를 자아내어 즐겁게 놂)하니, 뜰에는 우거져 푸르렀다.

일가친척을 대할 때는 살림살이가 넉넉하거나 어렵거나 간에 서로 도왔고, 어려움이 닥치면 서로 구해주었으며, 여러 아우들 및 빼어난 이들과 함께 자리를 마련하여 시를 읊었다.

손님을 대할 때는 반드시 신을 거꾸로 신은 채로 맞이하고 보냈는데, 오르고 내림이 차례가 있어서 비록 낯설거나 어려운 처지의 사람일지라도 교만하거나 업신여기는 태도를 취하지 않았다.

집안 아이들을 가르칠 때는 효도와 우애 및 충직과 신의를 근본으로 삼았고, 시례(詩禮)와 학문으로 문채(文彩)를 이루도록 하였으며, 비록 약간의 허물이 있더라도 큰소리로 꾸짖지 않고 반드시 간곡하게 타이르고 깨닫게 하여 잘못을 고쳐 선하게 된 뒤에라야 그만두었다.

공부를 함에는 《중용(中庸)》과 《대학(大學)》을 근본으로 삼고, 〈심성정도(心性情圖)〉를 그려서 앉은 자리의 오른쪽에 걸어놓고 아침저녁으로 경계하고 살폈다. 날마다 〈경재잠(敬齋箴)〉과 〈숙흥야매잠(夙興夜寐箴)〉을 외워 주경(主敬)의 핵심으로 삼았다. 〈거가의(居家儀)〉를 지어서 자손들을 훈계하였고, 재산과 지위를 지푸라기처럼 보았으며 높은 벼슬을 헌신짝처럼 여겼다. 다섯 형제분이 화목하게 지내며 천지 사이에서 고요히 노닐었고, 진실로 혹 지푸라기 하나라도 바른 도리가 아니면 남에게서 취하지 않았다.

병신년(1596)에 어머니 상을 당하자 아버지 상처럼 애통해 하여, 눈물이 줄줄 흘러 부들자리에 떨어졌다. 삼년상이 끝나자 밭 수십 마지기를 구입하고, 못을 파서 부족한 곳을 보완하였으며, 또 제전(祭

田)을 마련하여 상로분필(霜露芬苾)의 제수를 바라지하였다. 제사를 모시는 모든 절차를 반듯하게 따르고 명예와 행실을 갈고 닦으니, 안으로는 집안과 밖으로는 친구들이 모두 감동하여 마음으로 따랐다.

재능과 도량이 빼어나고 단정하였으며 생각은 깊고 넓었다. 재능은 온갖 일을 감당하기에 충분하였고 지식은 핵심을 갈무리하기에 넉넉하였으며, 어진 마음은 다른 사람에게 넉넉히 미쳤고, 의로움은 세상을 구제하기에 충분하였다. 만약 세상에 나아가 쓰였더라면, 벼슬길에서 포부를 펼쳐서 사헌부(司憲府)와 사간원(司諫院) 및 홍문관(弘文館)과 예문관(藝文館)의 벼슬에서 채 한 자도 떨어지지 않은 거리에 있었을 것이지만, 장씨(臧氏)가 저지하여 끝내 초야에서 늙게 되었으니, 이것이 우리나라 선비들이 함께 안타까워하는 바이며 나 또한 느낌이 없을 수가 없다. 비록 그렇다고 하더라도 공에게는 무슨 유감이 있겠는가?

갑자기 선조(宣祖) 때에 임진년의 변란을 당하여, 왜놈의 괴수가 멋대로 독기를 부려 종묘사직(宗廟社稷)의 위태로움이 마치 터럭 한 올에 매달린 듯하였다. 이에 공이 노여움을 이기지 못하여 가족과 작별하며 이르기를, "스스로를 돌아보니 미욱하고, 시골에서 나고 자랐으므로 비록 나라에 대하여 간언(諫言)할 책임은 없다. 그러나 어그러지고 어지러움이 끝이 없어 온 나라가 물이 끓는 것 같은데, 임금이 주신 옷을 입고 임금의 땅에서 나는 것을 먹고 사는 자로서 팔짱을 끼고 자취를 감추어서 목숨을 보존해야 하겠는가?"라고 하였다.

이에 바로 분연히 떨치고 일어나 격문을 전하여 의병을 불러 모으니, 상산현(尙山縣: 상주시) 북쪽의 사대부 집안이 일제히 산양(山陽)에 모여 공을 치병장(治兵將)으로 추대하였다. 이에 황공직(黃公直)·채달원(蔡達遠)·권의중(權義中)·여춘(余春) 등 여러 사람들과 함께 망우당 곽재우를 따라 화왕산성에서 꾀를 합하고 힘을 모아 막좌(幕佐)로서 여러 번 승리한 전공이 있었는데, 그 성공과 실패 및 승리와 패배는 〈용사실기(龍蛇實記)〉 중에 자세하게 실려 있다.

그가 망우당에게 답한 편지에서 이르기를, "보내온 가르침을 손을 닦고 절하며 읽으니 하나하나 이끌어 주시는 것이 열렬하고 붉은 충정의 말씀이 아님이 없습니다. 다만 피눈물을 흘리며 원통함을 품고 마디마디 가슴에 새길 뿐입니다."라고 하였다. 이때에 소모관(召募官) 권용중(權用中)이 마침 자리에 있었는데, 공이 손수 쓰는 회답 편지를 보고 그 충성스러운 마음의 열렬함과 뜻과 의리의 늠름함을 크게 칭찬하였다.

그리고 같은 고씨(高氏)인 전라도 의병장 경명(敬命)이 그의 아들 인후(因厚)와 함께 왜적과 싸우다가 죽었다는 소식을 듣고는 바로 다음과 같은 만시(輓詩)를 지어서 부쳐 보냈다.

죽을 각오 당당했던 이 나라의 신하로   褒革堂堂社稷臣
전쟁에서 패했으나 절로 인을 이루었네.   出師未捷自成仁
분명하게 외론 충절 상소하던 그날에   分明上訴孤衷日
황제께서 동방에는 이 한 사람 있다 했네.   帝曰東邦有一人

아아! 같은 때에 의병을 일으킨 사람이 혹은 왜적의 칼날에 목숨을 잃었고, 혹은 어지러운 왜적의 칼끝에 순절하였으며, 또 간혹 군중(軍中)에서 병으로 죽었다. 그러나 공은 화왕산(火旺山) 전투에서 온 힘을 다하여 왜적의 수급을 베어 그 공로를 오로지 하였으니, 아, 그 얼마나 훌륭하신가!

공은 의리와 이익이 관계된 곳에서는 떳떳함을 지킴이 더욱 엄격하였고, 공적인 일과 사사로운 일이 얽히는 곳에서는 옳고 그름을 분간함에 어긋남이 없었다. 항상 말하기를, "자기의 마음을 다하는 충(忠)과 어버이를 섬기는 효(孝)는 바로 자신의 행실을 이루고 가난하더라도 당당하게 살 수 있는 근본이며, 마음을 집중하는 경(敬)과 올바른 도리인 의(義)는 곧 마음을 바로잡고 일을 처리하는 관건이다."라고 하였는데, 공의 일상생활을 살펴보면, 바로 이 말을 따라서 자신을 닦고 북돋우지 않은 것이 없었다.

왜란은 조금 진정이 되었지만 동서 붕당(東西朋黨)의 논의가 다투어 일어났다는 말을 듣고는 쓸쓸히 탄식하며 말하기를, "옛말에 이르기를 '나라 밖의 강성한 오랑캐는 물리치기 위워도 한 몸의 사사로운 욕심은 없애기가 어렵다.'고 하였는데, 바로 이를 두고 한 말이구나. 지금 흉악한 왜적이 겨우 자취를 감추었으나 피 묻은 칼날은 아직 마르지도 않았거늘 각자 자기를 팔고 공로를 다투어 소장(蕭墻: 자중지란)의 재앙을 불러들이고 있으니, 이른바 '길게 한숨을 쉬며 깊이 탄식한다.'는 것이 이보다 더 심한 것이 있겠는가?"라고 하였다.

이에 다시는 다른 생각을 하지 않고 은거함으로써 안분자족(安分自足)하며 굶주림을 잊는 즐거움으로 삼았다. 그러나 다섯 형제 중에 세 분이 이미 세상을 떠났고, 둘째 태촌공(泰村公)이 또 공보다 5년 먼저 숨을 거두니, 제문을 지어 통곡하며 말했다.

오호라 둘째 아우가	嗚乎仲君
어찌해 죽게 되었나	胡至斯也
아우 넷이 있었더니	有弟四人
셋이 먼저 떠나가고	三已先委
자네만이 함께하며	惟君相將
일흔까지 좋았는데	七耋湛樂
자네마저 먼저 가니	君又先逝
내 죽으면 누가 곡하나	我死誰哭

이 통곡소리에 좌우의 사람들이 눈물, 콧물을 흘리지 않은 이가 없었다.

일찍이 말하기를, "선비라고 하면서 재물을 늘리는 것은 거간꾼일 뿐이다. 비록 혹시 이런 방법으로 목표를 이루었다고 하더라도 선 채로 패망하는 것을 보게 될 것이니, 매우 두려워할 만하다. 그러므로 서적을 많이 쌓아 후손을 위한 좋은 계책을 삼는다."라고 하였으며, 《성원(姓苑: 何承天의 저작)》에 나오는 여러 가문과 인물의 선악을 밝게 살피지 않음이 없었고, 꾸준히 후학들을 힘쓰게 하였다.

하루는 산양에 사는 채씨(蔡氏) 늙은이가 늘그막에 낳은 자식을 공에게 데리고 와서 가르쳐 주기를 청했다. 공은 남의 스승이 되는 것을 병통으로 여겨서 겸손히 사양하고 받아들이지 않았다. 그가 말하기를, "예날 자양자(紫陽子: 朱熹)께서 맏아들 숙(塾)을 여동래 (呂東萊: 여조겸)에게 맡겼는데, 동래는 사람의 병통 중의 하나가 타인의 스승이 되기를 좋아하는 것이라는 맹자의 말로써 사양을 하였습니다. 주 부자(朱夫子)께서 말하기를, '참으로 타인의 스승이 되기를 좋아하는 것은 옳지 않습니다. 그러나 또한 타인의 스승이 되기를 싫어하는 것도 옳지 않습니다.' 하니, 동래가 마침내 받아들여 가르쳤습니다. 그렇다면 공께서 끝까지 고집스럽게 겸양을 하는 것은 너무 지나친 것이 아니겠습니까?"라고 하였다. 공이 결국 허락하고 가르침을 주었다.

인조(仁祖) 정묘년(1627)에 집에서 돌아가시니 향년 78세였고, 축산 서쪽 반송정(盤松亭) 갑좌(甲坐) 언덕에 장사를 지냈다. 배위는 전주 최씨(全州崔氏) 습독(習讀) 진(鎭)의 따님으로 아들 하나를 낳았는데 봉사(奉事)를 지낸 이견(爾堅)이고, 봉사가 아들 셋과 딸 셋을 낳았는데, 아들은 세호(世豪)와 세걸(世傑) 및 호가 규재(奎齋)인 세충(世忠)이고, 딸은 채극경(蔡克敬)·송덕성(宋德成)·홍옥일(洪沃一)에게 각각 출가하였다.

세호는 아들이 없어서 세걸의 아들 득열(得說)로 후사를 이었고, 세충의 아들은 호군(護軍)을 지낸 명열(命說)과 몽열(夢說)이다. 득열의 아들은 호가 삼의(三宜)인 필원(必遠)과 필대(必大)이고, 호군

의 아들은 필흥(必興)과 필형(必亨)이며, 내외(內外)의 손자와 증손
은 많아서 다 기록하지 않는다.

공은 이름난 가문과 번창한 집안의 자손으로 10세 동안 문헌(文
獻)이 이어져 온 가정에서 태어났다. 7~8세 때부터 가르침을 받지
않고서도 스스로 터득하였고 감독하지 않아도 스스로 힘썼다. 일
찍이 이르기를, "요즘 사람들은 이치를 깊이 생각하지 않고 직접
실천하지 않으면서 한갓 옛사람의 글을 취하여 치랍(梔蠟: 겉만 꾸미
고 내면은 충실하지 않음의 비유)으로 삼으니, 이는 모두 나귀가 울고
개가 짖는 것과 같은 무리일 뿐이다."라고 하였다.

이 때문에 배움에는 부지런하고 성실함을 위주로 하였고, 처신
은 내 마음을 다하는 충(忠)과 내 마음에 미루어 남을 대하는 서(恕)
를 근본으로 삼았으니, 비록 높고 원대하거나 특이한 일은 없다고
하더라도 저절로 남들이 알지 못하는 오묘함이 있었으며, 문장은
사리에 맞고 담박함을 취하여 화려하고 모진 것에 힘쓰지 않았다.
마을과 고을에 있으면서 남의 허물을 말하지 않았고 다른 사람의
선행을 들으면 반드시 장려하고 칭찬하여 그를 성취하도록 도와주
었다.

오호라! 공이 같은 시대의 여러 선배들과 모두 도리와 의리로
서로 사귀어 그 사이에 왕복한 편지와 저술한 글이 많지 않은 것이
아니었다. 또 여든 살의 장수를 누렸으니 아름다운 시문과 끼친
향기가 응당 적지 않을 것이다. 그런데 8년의 전쟁을 치르는 통에
모조리 잿더미가 되었고, 요행히 없어지지 않고 남은 것도 다시

화재를 당하여 찢어진 편지와 부서진 상자에서 엉성하게 수습한 것이 겨우 시와 문장 몇 편이니, 태산의 털끝만큼이 되기에도 부족하다. 그러나 또한 솥 안의 가득한 고기 맛을 살 한 점으로도 충분히 알 수 있을 것이니, 자손이 된 자의 아픔이 모름지기 어떠하겠는가?

어느 날 공의 후손인 도사(都事) 상훈(相勳) 씨가 가장(家狀) 한 통을 작성하여, 맏아들 시영(時永)을 시켜서 내가 보고 느낀 바를 글로 써 주기를 부탁하였다. 내가 공을 앙모함이 깊어 공을 자세하게 알고 있었으며, 또 대대로 사이좋게 지냈으므로 감히 글 솜씨가 없다고 사양할 수가 없어서 삼가 가장을 참고하고 행적을 바로잡아 차례대로 기록하여 장차 후세에 모범이 될 만한 군자가 채택하기를 기다릴 따름이다.

영력(永曆) 후 다섯 번째 을해년(1935) 유화월(榴花月: 5월) 상순
자헌대부 행 예조판서 궁내부 특진관 원임 규장각대교 겸
시강원 필선
연안(延安) 김만수(金晩秀)가 쓰다.

찾아보기

ㅇ

용사실기(龍蛇實紀)

《省齋集》, 문경문화연구총서 제11집, 문경시, 2015)

여기서부터는 影印本을 인쇄한 부분으로 맨 뒷 페이지부터 보십시오.

至若仲君孝友天出文章經術出處大節有非羹毫
槩可記述奈何晚年遠寓草洞山野迴蘭離恨重重
綿綿此恨又結重泉稍可慰者悲不幾辰地下相從
非朝則夕單盃辦香送兒替哭嗟嗟仲君知乎吾乎
遠望仙巖老淚交垂鳴乎痛哉

龍蛇實紀

宣祖二十五年壬辰四月十二日日本關伯平秀吉
內懷假途滅虢之心遣勇將謀士數百人率大軍巨
艦數百艘蔽涯而來泊釜山東萊等地登陸殺掠人
民閭里騷挠道梗塞傳聞此奇人心危怖驚惆皆莫

知所為十五日官帖到山陽始知的傳遑遑如不報
朝暮十六日聞兵使曺大坤遽罷鶴峯金誠一特拜
右廂云十七日聞右廂八本州徃見叙禮則曰余自
忠州來而的聞東萊釜山皆陷没府使宋象賢兵使
鄭撥并死於凶鋒不勝憤歎相與決議仗兵而歸十
八日聞自蔚山至善山列邑守宰一無拒賊望風奔
竄賊衆如入坦地勦掠居民人心日益危懼撤家逃
命隱匿於巖穴問者頻山積焉十九日賊陣迫密陽
駐無訖驛云二十日佚再從姪善承家開尚州倅金
澥與咸昌倅李國弼牽兵為嶺伯金晬後援見敗於

2

仁同星州之界脫身逃還云二十一日尚州人來傳
曰賊兵不日內將迫州境云故不得桃主於先壠之
下情私痛迫不勝隕絶同權義中用中兄弟入山北
面倉卯里薜逃諸友亦多絜眷隨後二十二日石田
之戰以尚州人李洞爲主倅先驅撥馬敗還主倅金
瀞亦在逐中藏其家屬於山谷中身伏郊巍間全城
空壁云可歎可駭二十三日助防將梁士俊防禦使
趙儆入尚州人民散亡城郭空虛饋餉無路大督軍
旅即向大邱而去二十四日巡邊使李鎰到尚州馳
郎住見得聞半剌城主將權吉率三運軍至高靈郡

3

因夜驅馳而到此云二十五日賊陣猝犯州境巡邊
使李鎰迎戰于北川之上未發一矢全軍敗沒權吉
李鎰死於敵陣之中賊擁城留陣出沒無常殺掠漂
山撲地閭閻勢將危甚二十六日同黃公直高善承
金德潤權義中用中朴士明祭達邊余春諸友會議
禦賊之策多造弓矢裁枚以三夜矢以六兩又設石
車柞山壁絶頂以備不虞之用賊首窮搜峽谷逢人
則殺之放火家屋盡取爲驛打殺牛羊爲渠軍餉自
古兵禍之酷未有甚於今日者也二十八日賊陣漫
山蔽野人無避身之地勢蓬燼張而三日前發向咸

昌聞慶等地而留餘卒攪州郭云三十日間芭山郭

元帥再祐首倡義旅自稱天降紅衣將軍以討賊報

國焉已任裏勇絕人用兵如神云故住拜扵陣中則

其嚴威大略果是將材諭戒以佐幕治兵之任擧義

相應從速割攬云猥以菲材尤極悚懼五月一日間

賊自宇山即渡梅湖河豊兩津與高山留賊合勢留

唐橋更八閒慶郡縣監申吉元尨扵鋒鏑其所慘酷

痛恨無地也二日唐橋留賊分作隊伍一八山西一

向山北殺掠人民愚蠢農峨惻扵威刀挽面改形欲

全脊刻之命惟令是從其昬甚扵彼奴是可忍聤耶

三日開申揔兵硪設營扵天府烏嶺之關以為防禦
之訐而自以謂險嶺非用武之地退屯忠州彈琴臺
而卒乃背水而敗陣云尤極痛恨五日賊攔八石門
危機甚迫因用前日所備六兩逢矢三稜木劍及石
車等物一時俱發出其不意賊驚惶逃遁固追斬十
餘級石門之内賴此稍安六日散賊合屯唐橋為久
駐之訐山五面圍在矢石中為慮不淺七日遣鄭以
惺金甲年以斬後賊首報尚牧八日開八城之倭以
書信遣見李漢陰德馨諸議和事云九日過戍歡察
誌扵金士宣寓所開 大駕前月晦日發 御終日

6

冒雨到東坡驛翌日發　衛次開城府留一日仍發
次黃海道金交驛四日次寶山驛五日次鳳山驛六
日次黃州七日到平壤云　御駕行在之厚爲臣民
者痛迫之忱當復何如哉十日晉土之濱聞　鑾輿
播越之報士君子及諸大夫歃血同盟義旅蜂起十
一日歸見本所刑家藏什物灰燼無餘省掃墳塋栽
書及檄文一通使朴士明傳致於權中衛幕下十三
日轉聞入城之倭敢犬宗廟燒滅倉廩屯聚沙平院
崇善坪云无柩同措西望痛哭十四日野麥旣登來
夜潛刈僅保軀命而州内留倭不過十數人晝則分

散抄掠夜則開城壁守與權中衛冒刃進擊得捷而
還十六日傳聞金命元韓應寅守臨津江相拒十餘
日為賊所誘不戰而潰散云且聞咸鏡北兵使韓克
誠與敵戰於海岸倉猝至得捷而旋敗祗擔且兩王
子臨海君順和君俱入賊中云痛何可及十八日聞
今月三日賊陣驅入都城元帥金命元留都將李陽
元并皆棄走城門四開賊攔入而歎曰險巇無人長
江無備東國可謂傀儡也十九日長川人金鑑起兵
戰亡二十日上大者山邊咸昌銀尺等地烟火漲
天山谷餓莩之人或相聚為盜開極寒心即代書反

8

禦防衛八條傳送于權中衛陣中二十二日開留都
之賊軍餉亦乏窮追　行在仍犯燕京云二十三日
聞金鶴峯前在右廂因事有拿推之　命仍簽到褫
山禁　敕更除招諭使向晉州云二十四日作書付
善承家與諸員爛議日亶討滅之方策與吾及此批
自飲泣而已二十五日善承來到與權義中別有敦
議事二十七日聞全羅防禦使接戰於金山斬賊數
十級出師以後始有此捷快哉防禦使助防將狀啓
于八行在論慶尚道守令得失二十九日到善承家
見京報則士族及平民與庶孽之中斬賊三級以上

9

授武科雖公私之賊有功者許從良也六月一日加
思西訓鍊奉事宋達寧諸軍慈擊尚咸留賊射殺無
數余以匹馬單劍即到榮川醴泉順興之間得神弓
弓弩者八人而歸二日開都城失守賊勢倍湧龍宮
俯嵎伏龍擾花莊山沮過賊路所獲甚衆四日賊踰
山入化寧搶掠寺刹亂殺僧徒尚州賊軍絡繹龍醴
五日之間行人頓絕虎溪抄掠之倭即犯山西山北
人心驚怵逃竄竊竊避亂人不耐飢餓以假倭頻狀
擱入洞里奪取而去者往往爲九日官捷云嶺南左
右道各置方伯右道則金晬仍任左道則李成任新

10

除而來互相掎角攻擊茲到以此賊氣漸判自椵山
下來倭賊即八尚州橫作假㝵樹說凶謀且聞大
駕有去邠之意物論疑懼也尚州青里居人金内翰
嗣宗仗義糾賊多殺日酋而猝遇飛凡所竄病瘡歯
死可歎可惜十七日聞賊陷松京大駕自西京駐
龍灣又復義州云哀我臣民一無内修外攘之策使
鑒輿蒙矢累遷豈可曰鰈城有忠義之士白刃可蹈
三軍可棄之人于十八日聞天朝游擊將以孤軍輕
進西京挫扞銳賊而退陣鴨江㐌賊輕秦有驕色
天朝都督使李如松率十萬大兵東渡鴨江云我國

以天兵導迎事送使於求柴等地以此人心稍定耳
二十日聞全羅水使鄭庆使李舜臣與右水使李億
祺慶尚右水使元均合軍大破賊於巨濟之潰民情
稍定二十九日得見招諭使褒檄則辭旨懇惻招選
逃匿人民合具兵器附義為七月賊復入加燒火
三十餘家三日招諭使襲擊居昌賊即向晋陽城五
日州伯重杖尸混以越陣龍宮陣為罪深可駭痛七
日聞母封光海為世子實出於定國本鎮民情之意
廿十日金沔趙宗道鄭仁弘朴惺文德粹等合勢舉
義統率軍卒殆至六七千各致敬行出軍律頒嚴云

壯教十三日聞星州漆谷等地以賊退之故行路稍通

二十三日得見金瑞老鷗齡書則　大駕再駼龍灣

世子駐江界云二十五日聞全羅義將高敬命與其

子曰尊自靖戰没人皆歎惜而況余同根宗親之地

子曰即製乾二絕付慰左梱因措人聞右道晉卜等

五郡固守堅壁尚保城邑此皆舟師善御之力也

八月一日同權義中用中八山谷搜得弓手箭工冶

匠箍鑄造鋒人敎名輪日鑄械以備軍用而得見龍

倅道橄則安東之賊爲左兵使驅遅爲七日金經濟

來言曰咸昌權察訪景虎與鄭內翰綏世諶要淸州

13

人李達為大將伊人素有智勇令始應募來會于黃
嶺結義幕徒見之則雖年高惟有李廣益壯之風果
是勇略之士也十日芭山郭大將領兵到星州有拓
待之命即日曳卒往赴十一日聞宣城人聚應壎尚
州人金坡赤各起義募兵并附於郭元帥麾下十二
日見京報則以招諭使拜左道監司 卿駕駐伊川
十四日裁檄告文二通并馳告于各道士林十五日
自星州乘捷歸到本郡大乘寺慈告士族及縉紳四
十餘人弓釰之手亦至百餘人姜定公議以權義中
為大將余及舍弟尚顔為治兵將黃廷榦高仁繼及

蔡得綱爲幕佐崔大立爲先鋒余春爲典餉官其餘
各員隨器任用泒定之後登金龍山設位告由各四
拜西望痛哭歃血爲盟更錄名帖送于州倅以爲轉
報道伯十六日全軍將卒留陣大衆孝相戒曰今番
此擧雖不期大捷鞠躬盡悴死而後已七七日苦待
至倅之回檄仍聞南山士殘大倡義旅以李弘敏拜
將故徃參軍禮則軍威威壯律令分明與我陣約爲
南北相倚之勢而還十九日州伯回檄來到其略曰
士流之倡義克勤　王事莫非秉彝之性敵愾之致
天生蒸民有則卧新嘗膽之秋與後舊都之檄正在

令日竭力勤賊大同發兵云二十日咸寧倅証報巡
使曰李逢等率年少諸生冒稱擧義以官軍所捕倭
奴爲自已功而使縣監不得措手云聞甚痛憤矣即
聞巡使回題內守令之防過募兵者一切不許敎狀
我同胞均是蹈忠討敵不可以官威與奪云狀敎狀
敎二十二日以大將命分道伏兵於嶺西以防龍醒
上衆之賊又覘尚咸旁抄之倭二十八日知禮之倭爲
義所擊死傷無數不敢抵敵潰散云分遣軍機糧餉
於香營又設伏所九月一日即開義將金沔郭再祐
各領大軍共討星州留賊而郭將用兵之法賊奴膽

16

溶身粟云故治兵再臨則果是的傳也助擊三日而
還四日自左伏中傳通曰賊陣到龍宮抄掠無常云
故擧兵襲擊大逐于喧坪之野外十一日伏見 教
書則論下慶尙道士民者而反躬自責旨懇惻感
泣無地 卽宮教書旨義同轍也十二日石伏中傳
言唐橋屯倭未久把求順故襲擊大破於瀨江之上
奪其環刀鐵炮機械而歸馳報主倅自官給糧五十
石使典餉官班給於部隊二十四轉開全羅義將趙
憲大敗於錦山之戰死於陣中兵卒千餘名八百義
士俱歿其子完基以毛服冒刃卽八死於父屍之傍

人皆歎惜不已余亦製軺付慰二十八日見金瑞老

書則金沔郭再祐掌兵破賊而郭將用兵无神故麾

下用兵之下願赴者數萬人餼餉與軍器自官辦備

出給軍聲大振余亦從事助擊三十日作書上郭元

帥請畫方畧自此同聲相應多頼揮指畧正十月一

日鄭內翰經世爲本州召募官檄文來到以我軍權

中衛拜卿兵大將此是前日討賊捕斬首級納于州

牧故深知智勇且有招諭使之爲啓特加內禁衛將

而復請爲鄉兵將十六日大將作尚州之行余以洽

兵將將率弓釰手五十餘人偕往助行十七日將宿

18

尙山夜深賊倭踰城卽入軍門驚駭大聲退却翌日
抵南長寺義將金垓以鄕兵將退待秋月村不進故
替任代遷也十八日至北長山下同金光復金覺見州
伯於龍華寺言城門不可不守機械亦不可不嚴也
州伯唯維而已時假判官鄭起龍亦往焉蓋前日北
川之戰城主權吉死之鄭突擊爲假判官也與諸大
將合議破賊之計分設伏所約日大攻而退歸路合
攻抄掠之倭斬獲三百餘級留陣鄕兵於洛西村是
時南門外成浹亦謀擧義來見大將願同麾下乃許
之十一月一日唐橋屯倭攔入龍宮天德院醴泉柳

川路經山陽而聞戎軍風聲因夜逃避過去後始知
恨不追及擊碎也七日得聞行在信息則唐兵五
千已到義州順安館且福達炮手三千名亦八義州
城內將向公州云金千鎰敗於忠州轉至平壤平壤
又陷與本土人高忠卿合力募兵數千人討賊斬級
無數云九日楊州牧使高彥伯統率官軍斬獲甚多
而竟復都城高山倅募僧軍向蒐州而去十七日聞
東宮嚴下自成川移駐肅川又向他所云二十六日
大雪深尺道塗不通收點本軍而還與左右道諸將
恊謀相應談伏於竹峴爲計十二月雪積風寒人多

20

佃絕傳開不續且糧餉漸乏轉潘亦難兵卒瘅或
凍餒故堅閉陣門按兵不動以觀賊塞之動靜焉
癸巳元月一日以果疏行蔡禮亂中行事感愴倍功
十日同權義中徃青里哭金嗣宗日晡上竹峴宿院
幕黙檢軍馬及所伏谷陣無違令致亡之獎更加嚴
束十二日至牛吾嶺下逢金郭兩將先嗇助防之策
且問糧餉及馬草仍留牛吾軍中間兩王子去月
泊釜山云歳下引八日本石順和君道中生病云甚
為憂戀耳十五日見朝迁下吾則金汚加通政為
義摠長郭再祐加通政為元帥權義中加秩為大將

十七日聞西信則令月六日天兵圍平壤八日巳時
陷城倭奴沒為天兵所屠劉渠之所謂十九圍內十
八圍全沒其餘一圍逃去鳳山自黃州追擊射殺無
數九日未時天兵到黃州大將二貟游擊將四十貟
衛部將二千貟軍卒數十萬摠督李如松彀之子
大將宋應昌游擊將錢世禎吳惟忠沈惟敬祖承訓
都司張三畏王必迎餘外不能盡錄二十五日天兵
到甫川如疾風霹靂之勢兩京旣復云各陣軍卒蹈
舞慶歌三月六日余與權大將同赴竹峴設伏所點
檢開全羅巡察使權慄大破幸州之賊斬首千餘級

22

二十三日都體察使柳成龍關辭內以官義兵不相

合刀慷然感歎時公為天將接待使而平安體察使

亦有關旨恩威并示也先是嶺伯金眸以郭元帥証

告士賊猾功故有此關旨然元帥釋兵暫避矣未久

自行在加秩有名命故復出身討賊功績崇巋二

十三日州伯金澥在化寧山中遇害賊刃父子并

命自初避禍雖失公軆然終乃被殺開柩悠絕且義

將金埈病卒軍中金志海歿扵營寨不勝驚愕二十

四日聞天兵至漢陽斬厭先鋒餘倭惶恟鮮散自帥

也四月一日倭收遣書請和扵天兵捴務堅軋不許

十一日右方伯金公以樂患卒于晉州云人無不西
望而泣也五月三日天兵自唐橋入尚州逐倭還屯
唐橋十四日黃公直來言尚州賊全數退去天兵來
鎭州郭云六月二日聞天兵有上去之意下賊有復
動之慮云甬十日郭元帥將討星州之賊同中衛引
兵後援以元帥指揮退守夏山七月十一日聞晉陽
被圍八日城遂陷兵水使及鎭官二十餘員被害軍
卒五六千人盡是道內及湖西南敵愾精銳之士也
金千鎰崔慶會適在矗石樓見事之不濟握手痛哭
西向再拜投江而死儘將軍高從孚亦在城中遇

24

窖憶從厚敬命之第二子也父誓未復身先死痛悒

之情无功他人然三父子殉節豈不傳哉八月二日

兩王子自賊中得還云喜幸何喻天朝奏聞囲勅朱

到 皇帝見奏聞震怒不允講和九月二十八日宋

游擊方留陣嶺南以霜降山川閉賊托補和事逗遛

不返天兵亦未艱師大卯一境𡏖壘連營互為壁守

之計二十一日聞 大駕初一日還御自此居民稍

定十一月二日天將李如松宋侍郎還入本朝劉綎

兵鎚吳游擊崔忠寧大衆入屯城中見完山傳通則

右水使及全羅兵使遇賊於固城唐浦兵使中无云

25

人皆驚歎十二月七日咸昌義將李逢除主簿尋拜
梱山倅十九日晩發馳到大邱宿八莒陣幕天兵所
留地密有探知事二十六日余以火旺山城八屯玄
風事八于本營方伯訢告蒙許二十八日率諸軍官
赴火旺山特署一部日尚義幕榜曰有應募而來附
者題名於此列邑義幕揭示同供慶尚一省士于響
應影從齊附于此八以守牒出則攻賊盡出於元帥
之方略而兵家萬全之策也元帥之用兵不下於孫
吳而幕下顧赴者不可勝數元帥與賊相拒累日一
日領兵擢軍於鶴山至夜半乃令人上琵琶山人人

持五頭炬一時舉火鼓角齊鳴若將向賊忽朕滅火
寂若無人又復如之凡幾次賊大驚疑懼因即逃道
大抵元帥之用兵如神甲午以後賊勢稍屈歘出沒
無常未能釋慮不意沈金之黨論又起不下於外寇
之侵犯良可咄嘅六月十六日聞中朝以朋黨事送
御史欲探形止即為出來故差出遠接使尹先覺柳
永吉云七月三日聞賊更有肆盡之意而劉挺兵亦
有撤還之意十三日嶺南檄文來到聞知賊首又出
來一隊向陸路一隊因水路犯湖西云九月十三日
督運御史尹存中自下道來言天兵之撤還乙未五

月十五日得見朝旨則以牛溪成渾事方伯伸救云

丙申正月十六日朝廷差槐山倅逢沃川倅朴春茂

并魚助防將李則守嶺赤巖朴則守秋風嶺掛榜各

處云丁酉元月日本以和事不成再動于戈　上有

復攄之意廟議未定云政余與書友仁趙靖黃廷翰

陳疏請觀征是時余與諸將俱在火旺城而山陽義

旅接踵而來趙榮遠亦應募追到尙義幕之

軍容頗整甫焉時尙州鎭所屬九郡守寧并率家眷

隱於善山金吾山以星州主倅李守一爲守城將星

州高靈居昌等地倭兵合聚屯寨結幕成勢李完平

28

元翌元帥權慄郭再祐會議討滅之策元帥薦我
征高靈賊體察使白鄭判官討居昌賊時我陣在火
旺城見檄治行官軍三千餘人義兵數百人先鋒領
官軍先發余及中衛治軍統率隨後行軍八月十五
日抵高靈陣于桃津進至官竹田之下遇賊相聞我
軍衝突賊陣之中斬獲巨魁而賊陣四匝吾陣義將
欲救寡進亦在圍中困在劤心權中衛忽覺前日之
夢兆握沙抛散口誦風雲符三聲忽地風沙大起俄
之將卒闔眼失魄莫知措手迷奔潰自相踐踏故我
軍因乘勢追擊大破之令番之捷實顆中衛愛養之

力也又赴居昌駐綠橺田則賊陣在龍膞川邊隔水
相拒進退無常鄭判官之先鋒李希春黃致遠等與
敵戰于李銅峴下為賊所圍余與權中衝崔先鋒金
幕佐合力幷進救兩將於鏑鋒重疊之中脫歸火旺
城而大將出戰之時鏃入股骨以藥石治療未幾日
復常軍中安堵如故九月十五日引兵追過比安到
慶州遇左兵使及天將七負合擊九肉驛殲滅賊酋
十月二日我陣將卒俱還山陽所過間閭沒入灰燼
田野荒蕪使人潸滿襟瞰我即起兵多年出沒矢石
危險之中而全軍別無死傷然猶未釋兵尚有後憲

轉聞去三月十日自　上送鄭期遠八告　中朝後
請援助　天朝以講已定不許鄭公以明其寃自誓艦
死　皇帝感悟乃發遼浙兵七千為先出送云十二
月七日鄭判官以右兵使往討金山賊扵牙川村大
破之餘倭逃向尚州追而擊之賊八擾州城徃徃出
外抄掠故余領三百義卒過僙湖至杏店遇行驚倭
五名殺之扵白蔦山下是月引兵歸本寨留屯焉
戊戌七月十日聞天兵復來分擾梶山忠州及全州
三邑起屯田以久留之計八月二日又聞麻劉兩
將率萬餘軍卒南下旋又上去中朝兵部尚書石星

31

驚慮之忱不啻萬萬十二日聞朝廷朋論更起去盆

川曳橋兩倭死亡雖多照統制使中丸病臥庫中云

我國忠義之士而已十日聞統制使李舜臣來攻泗

云以此言之天兵之助亦難專恃剖復之策秪在乎

先退兵劉亦同然斬級最多軍卒完全

曳橋賊三將同時擧事自九月二十日圍賊月餘重

西川賊董一元自星州進圍泗川賊提督劉綎進圍

送援兵云十月十五日 天將提督麻貴自慶州進圍

奏曰中朝之棄朝鮮便同自撤藩籬也請罷石星惹

主和故不可更動軍旅堅靫不許中朝科官徐成楚

32

丙庚有甚扵外寇之驅逐噫我東邦定鼎于漢陽衣

尩偉擬中華以臻至治殆二百年于兹而邦運不幸

外寇侵掠遍此無前變亂而幸賴臣民之竭忠報國

庶幾興復舊都翩技免尚窺炮九未冷也以堂堂喬

木世家之雲裔各自猜功疑忌分裂西南計較長短

昌熾氣炎有甚扵洪猛之害　列聖祖在天之靈豈

肯曰社稷之臣有几爭股肱之人亐不勝歎惜

용사실기(龍蛇實紀)

《省齋集》, 문경문화연구총서 제11집, 문경시, 2015)

여기서부터 영인본을 인쇄한 부분입니다. 이 부분부터 보시기 바랍니다.

역주자 **신해진(申海鎭)**

경북 의성 출생
고려대학교 국어국문학과 및 동대학원 석·박사과정 졸업(문학박사)
전남대학교 제23회 용봉학술상(2019)
현재 전남대학교 인문대학 국어국문학과 교수

저역서 『양대박 창의 종군일기』(보고사, 2021)   『선양정 진사일기』(보고사, 2020)
      『북천일록』(보고사, 2020)   『패일록』(보고사, 2020)
      『토역일기』(보고사, 2020)   『후금 요양성 정탐서』(보고사, 2020)
      『북행일기』(보고사, 2020)   『심행일기』(보고사, 2020)
      『요해단충록 (1)~(8)』(보고사, 2019, 2020) 『무요부초건주이추왕고소략』(역락, 2018)
      『건주기정도기』(보고사, 2017)
      이외 다수의 저역서와 논문

성재 용사실기 省齋 龍蛇實紀
2021년 4월 19일 초판 1쇄 펴냄

지은이 고상증
역주자 신해진
펴낸이 김흥국
펴낸곳 도서출판 보고사

책임편집 이경민
표지디자인 손정자

등록 1990년 12월 13일 제6-0429호
주소 경기도 파주시 회동길 337-15 보고사 2층
전화 031-955-9797(대표)
      02-922-5120~1(편집), 02-922-2246(영업)
팩스 02-922-6990
메일 kanapub3@naver.com/bogosabooks@naver.com
http://www.bogosabooks.co.kr

ISBN 979-11-6587-168-0   93910
ⓒ 신해진, 2021

정가 14,000원